Oscar Enrique Correa Miranda

Procesamiento de datos

Oscar Enrique Correa Miranda

Procesamiento de datos

Software Libre

Editorial Académica Española

Imprint
Any brand names and product names mentioned in this book are subject to trademark, brand or patent protection and are trademarks or registered trademarks of their respective holders. The use of brand names, product names, common names, trade names, product descriptions etc. even without a particular marking in this work is in no way to be construed to mean that such names may be regarded as unrestricted in respect of trademark and brand protection legislation and could thus be used by anyone.

Cover image: www.ingimage.com

Publisher:
Editorial Académica Española
is a trademark of
Dodo Books Indian Ocean Ltd. and OmniScriptum S.R.L publishing group

120 High Road, East Finchley, London, N2 9ED, United Kingdom
Str. Armeneasca 28/1, office 1, Chisinau MD-2012, Republic of Moldova, Europe
Printed at: see last page
ISBN: 978-613-9-41192-4

Índice

El procesamiento de datos en estos momentos es un elemento fundamental para la vida cotidiana, especialmente en las universidades se puede observar que las actividades medulares tienen que estar sustentadas en el éxito, progreso y bienestar para todos los integrantes de la comunidad Universitaria.

En ese sentido es necesario mencionar por ejemplo la importancia que tiene la unidad de control de estudios en cada universidad, la cuál en la mayoría de los casos se va a encargar de recibir las inscripciones de la mayoría de los estudiantes, que desean cursar alguna unidad curricular en específico, se hace necesario realizar encuestas para tomar una previsión de la cantidad de cupos que se van a requerir en cada unidad curricular y por lo tanto la cantidad de profesores que se van a necesitar para dictar dichas áreas del conocimiento.

Es necesario destacar que en toda institución se hace fundamental demostrar con hecho la ética y los valores imperantes, en ese sentido la responsabilidad en las operaciones que se realizan y atención al público juega un papel fundamental, ya que siempre existen los llamados rumores de pasillos en donde se expresa de manera informal lo que realmente está ocurriendo en cada organización.

En la experiencia docente es necesario señalar que la relación entre el profesor y la dirección de control de estudios es destacada, en la medida que se procesan adecuadamente las inscripciones de los participantes Y eso se ve reflejado en actas que contengan los nombres y datos inherentes a cada integrante de la unidad curricular va a jugar un papel fundamental para que el profesor tenga las reglas claras desde el principio en el salón de clase, esto significa que es fundamental que todo docente posea en sus manos al comenzar el inicio de las actividades estudiantiles todos aquellos que verdaderamente están inscritos, y que no tienen problemas de prelación con respecto a los estudios formales que se tienen que realizar.

En ese sentido se debe hacer referencia a la importancia que tiene la relación del cliente interno que trabaja en control de estudios, respecto al cliente externo que en este caso vendría representado por los estudiantes, los cuales obviamente manejan una especie de indicadores informalmente que están enfocados hacia la calidad de servicio, en ese sentido es necesario destacar que si el estudiante siente que fue atendido adecuadamente y que logró realizar en el tiempo esperado su inscripción en algún semestre determinado de su carrera pues obviamente es algo que va a estar en su zona de confort y quizás no lo señale como algo importante, más sin embargo cuando se observa que hay una falla en el procesamiento de esa información, bien sea porque el estudiante no fue informado a tiempo o porque sencillamente no se logró cumplir con el registro formal de la inscripción entonces obviamente de manera informal o formal procede la perspectiva enfocada al desánimo o a una sensación de un mal sentimiento de haber sido atendido de manera ineficiente.

Por lo tanto se requiere destacar que el manejo de la información en toda organización es fundamental, tomar en consideración el tiempo juega un papel valioso a la hora de realizar las actividades, para así poder informar a las partes relacionadas bien sea el cliente interno representado por aquellos que prestan el servicio en la institución o el cliente externo que viene en este caso ser todos esos estudiantes que necesitan cumplir con sus actividades académicas en el tiempo que ellos han anhelado para sus vidas.

Definitivamente en todos estos procesos señalados anteriormente juega un papel fundamental la actividad tecnológica que se haya incorporado, es necesario contar en ese sentido con procesadores y computadores que permitan en un inicio llevar un registro de la cantidad de participantes que desean inscribirse en un semestre determinado, obviamente todo eso debe ser almacenado en una base de datos que debe de tener un respaldo para garantizar que al final el docente pueda tener el acta de notas fundamentadas en una inscripción efectiva por parte de los estudiantes.

Entonces se puede observar que el procesamiento de datos, la capacidad de almacenamiento, respaldo de la información y entrega oportuna de la información a las partes involucradas juega un papel fundamental en las instituciones de hoy en día.

En un inicio se puede contar con los datos disponibles que puede ser la intención de una participante enfocada en inscribir alguna unidad curricular específica, tomando en consideración la condicional relevante de la prelación, la cual da garantía que toda persona que realiza estudia universitario pueda contar con una prosecución de sus estudios en donde la lógica del conocimiento sea asimilada eficientemente, desde el punto de vista cognoscitivo y cognitivo por parte del participante.

En resumen, se puede observar que la capacidad para dar respuesta en una institución, va a estar vinculada con la tecnología que se dispone y la disposición de las personas a utilizarla efectivamente. El procesamiento de datos en una institución desde la perspectiva de la calidad total, definitivamente va a dar garantía del mejoramiento continuo de los procesos.

En ese sentido se pueden realizar inspecciones en donde se pueda constatar el nivel de cumplimiento de un objetivo en una fecha determinada, realizando los correctivos que sean necesarios desarrollar en caso de observar algún tipo de limitación o falla que esté presente, y obviamente en el caso de detectar en algún proceso que se está logrando alcanzar la meta efectivamente se debe mantener el entusiasmo y la voluntad bien enfocada para seguir obteniendo resultados positivos con el paso del tiempo, entendiendo perfectamente que en cada momento se pueden integrar nuevas ideas para mejorar lo que ya ha sido desarrollado de manera oportuna.

Fuente: Correa O, 2024. Procesamiento de datos.

Es necesario comprender la importancia que tiene la recopilación de los datos en toda organización, lo cual se ve reflejado en algo tan sencillo como la clase inicial en toda unidad curricular en la cual existe un protocolo de aula, qué invita a los participantes a darse a conocer es la llamada presentación individual, qué es una forma de entrevista breve pero que le va a permitir al colectivo y especialmente al facilitador de la unidad curricular entender los intereses y motivaciones de cada participante para poder enrumbar de una manera efectiva los conocimientos que se desean transmitir durante todo el semestre de clase.

Ahora bien, una vez concluida esa presentación inicial se da a conocer el contrato de aprendizaje, que viene a representar la posibilidad de que el estudiante conozca las actividades que se van a realizar, las estrategias y la fecha a entregar todas esas evaluaciones. Lo cual le va a permitir generar a las actividades una especie de confianza porque se tienen las reglas claras, pero también le permite al participante llevar un control efectivo de cuántas actividades ha logrado cumplir hasta una fecha determinada, para poder comprender en qué debe hacer énfasis o cuáles aspectos debe mejorar.

En la práctica docente es necesario indicar la importancia de recordar las actividades que se desean lograr durante la unidad curricular, para ello presentar las asignaciones en un blog, página web puede jugar un papel fundamental, para que el estudiante tenga claridad de todo lo que se desea lograr y entienda que tiene una lógica que relaciona los contenidos para un objetivo final.

En ese escenario es necesario destacar la importancia que juegan los procesadores en la actualidad, ya que la mayoría de los participantes utilizan sus teléfonos inteligentes para tener acceso a los contenidos de multimedia que se dictan en cada cátedra universitaria. Existen casos de docentes inclusive que realizando estudios de nivel de doctorado utilizan sus teléfonos inteligentes, para poder redactar las diferentes asignaciones que les ha tocado cumplir en algún momento.

Cuando se hace referencia a nivel de doctorado normalmente las clases virtuales se ejecutan bajo la modalidad de la implementación de scripts o programas en línea como Moodle o Google classroom, los cuales le permiten al facilitador dejar claramente establecida las unidades que se desean cumplir y a los participantes en este caso los doctorantes la obligación y el deber de cumplir cada una de esas asignaciones para poder optar a un grado académico de nivel de doctorado.

En la mayoría de los casos suelen utilizar procesadores de ocho núcleos los cuales cuentan con 3 GB de memoria RAM para un rendimiento eficiente en las actividades de redacción de texto, elaboración de presentaciones, desarrollo de cálculos.

Por otra parte, están aquellas personas que prefieren utilizar la vía tradicional de la computadora de escritorio, la cual en la actualidad puede ser en promedio utilizado un computador i5 que posee cuatro núcleos físicos, de sexta generación en el cual se puede trabajar diversos programas de la informática para el procesamiento de datos y la conexión a la internet como los navegadores.

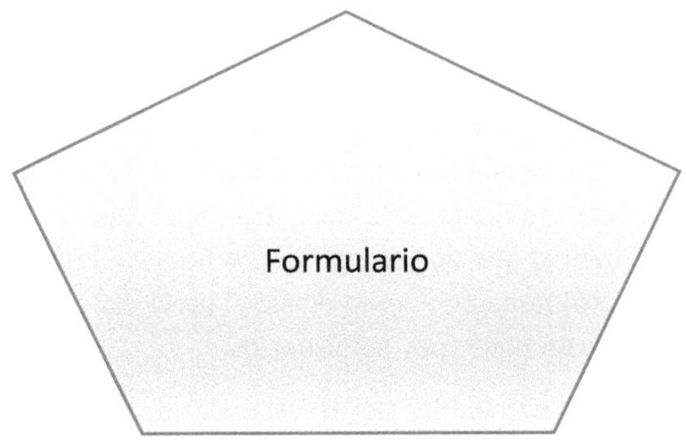

Fuente: Correa O, 2024. Formulario.

Al hablar de procesamiento de datos es necesario entender que se posee una estructura normalmente establecida a través del Hardware, que definitivamente recibe vida o utilidad cuando se le instala un programa normalmente conocido como software en ese punto en la actualidad también se hacen referencia a equipos de tecnología que poseen ocho procesadores, los cuales vienen representados en los computadores i7 de novena generación normalmente utilizado para juegos de gama alta.

Definitivamente al dictar una unidad curricular vinculada con el procesamiento de datos, es totalmente válido generar formularios que pueden ser programadas en computadores de i7, los cuales van a permitir organizar y presentar los datos de una manera adecuada. En ese sentido es necesario indicar que hoy en día se puede conectar la tecnología HTML CSS con JavaScript, para así poder generar entornos dinámicos que les permita a los estudiantes tener acceso a un programa para introducir sus datos o sencillamente expresar la voluntad que tienen para inscribir una determinada unidad curricular.

En el caso de las redes sociales definitivamente son ejemplos maravillosos de procesamiento efectivo de datos a nivel global, intentar construir una red social en estos momentos es una travesía maravillosa pero que desde el punto de vista de la programación informática con los lenguajes de alto nivel en la actualidad se hace una oportunidad para lograr adquirir nuevos conocimientos de programación a los anteriormente existentes.

Definitivamente para intentar realizar una hazaña de esa magnitud como poder crear desde el hogar una red social que tenga impacto a nivel global, es necesario un primer momento con tal con una fuente de energía de alimentación fundamental que dé garantía las 24 horas del día de su uso tanto desde el nivel de la programación como desde el nivel del cliente externo que en este caso viene representado por los usuarios.

En ese sentido es necesario hablar del Back end, que va a garantizar poder contar con la infraestructura y los datos necesarios para hacer realidad un proyecto tan importante como una red social, para ello programar un servidor dedicado las 24 horas del día viene a ser un elemento fundamental, el cual debe estar sustentado sobre una fuente de energía preferiblemente renovable al respecto existen alternativas como los molinos de viento que en la actualidad están siendo bastante usados.

Pero definitivamente uno de los grandes retos en estos momentos es generar esos procesos de sostenibilidad en los sistemas que se desean presentar a nivel global, para ello la iniciativa del desarrollo de una bobina de tesla que sustente los procesos computacionales viene a ser una idea verdaderamente brillante que representa una travesía bastante importante pero que realmente vale la pena intentar.

Es necesario recordar eso grandes científicos como Nikola Tesla que en su tiempo tuvieron la visión de un mundo integrado, que pudiera sustentarse en energías libres y que hoy en día toma sentido para tratar de darle sostenibilidad a procesos aislados a servidores que le permiten acceso a clientes en torno alrededor del mundo y que pueden disfrutar de un servicio óptimo que sea estable, gracias a esa visión de poder generar procesos educativos que sean autosustentables en donde se puede integrar la generación de energía la infraestructura tecnológica basada en servidores con conexión a internet y sistemas Wi-Fi, para así poder generar resultados óptimos a los usuarios a nivel global.

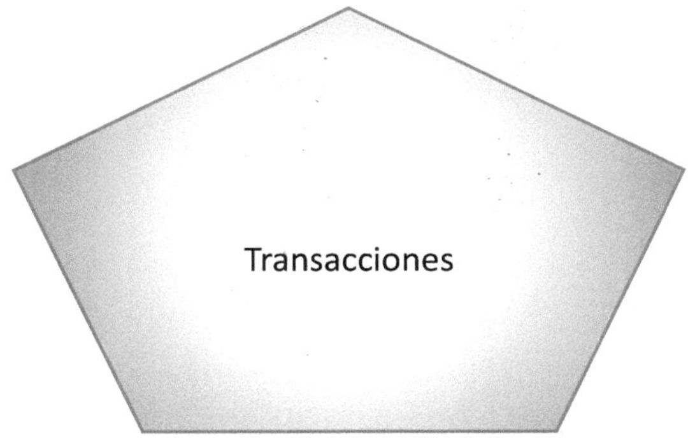

Fuente: Correa O, 2024. Transacciones.

En la actualidad es maravilloso observar como muchas redes sociales a través de los llamados hipervínculos pueden integrar procesos a escala global, los cuales a su vez pueden estar vinculados con procesos financieros. Es necesario destacar que en las redes sociales la incorporación de las llamadas tarjetas virtuales de pago son una modalidad que en la actualidad representan una ventaja competitiva a nivel global para la mayoría de las personas.

Cada día son más las personas que desean desarrollar actividades desde sus hogares y para ello utilizan como formas de transacciones las llamadas transacciones financieras virtuales, que cada día incorporan nuevos sistemas de seguridad y verificación para darle a los clientes la mayor seguridad y satisfacción posible.

Desde la perspectiva de desarrollar proyectos que integren redes sociales que se conecten a sistema financieros a nivel global, representan un reto que desde el nivel de la programación se hace bastante interesante cumplir, para ello existen en la actualidad tecnologías como los llamados procesadores i9 los cuales pueden llegar a contar hasta 18 núcleos incorporados, para así poder garantizar ese multiproceso tan necesario en la actualidad que permita generar un resultado óptimo para todas las partes.

Fuente: Correa O, 2024. Transacciones financieras.

En la actualidad es importante entender al hablar de procesamiento de datos existen las tarjetas aceleradoras de video conocidas también como GPU, las unidades de procesamiento de gráficos vienen a facilitar la oportunidad de trabajar con programas de diseño como AutoCAD, los cuales pueden generar modelos que son de utilidad para procesos mecánicos, por ejemplo. En este tipo de sistema se pueden dibujar fácilmente vehículos o prototipos de robot que vengan a ejecutar una actividad práctica en la vida real, muchas veces se puede combinar la parte del diseño a nivel local en el computador, en función del marketing que puede estar conectado a su vez con la internet para representar ciertas actividades que estén conectadas con el sector automotriz o el desarrollo de robots para las empresas manufactureras.

Así que obviamente el diseño de estos gráficos requiere muchas veces capacidades superiores a la de un procesador tradicional que se va a encargar de las gestiones generales del computador, ese tipo de procesadores viene evolucionando desde el siglo pasado hasta la actualidad y hoy en día se visualiza que pueden tener más de 18 núcleos integrados para generar una potencia verdaderamente significativa.

Pero obviamente existen momentos en los cuales es necesario dedicarle recursos de la computadora especialmente al área de diseño o generación de gráficos, en ese momento van a intervenir las tarjetas GPU las cuales pueden estar enfocadas en mejorar el rendimiento de un programa en cuanto a su velocidad y definición de las imágenes, en el caso de la generación de diseños de automóviles o robots, se puede hacer necesario la utilización e implementación de este tipo de tarjeta para poder mejorar no solamente el desempeño del programa que se está utilizando de diseño sino para también poder obtener resultados finales que sean óptimos.

Es necesario entender que el campo de acción de la GPU es sumamente amplio en la actualidad, pueden contribuir significativamente en el desarrollo de las actividades enfocadas en la Inteligencia artificial. En ese sentido al hacer referencia a transacciones financieras hoy en día se observa la incorporación de los sistemas de Inteligencia artificial a los sistemas web o sitios de internet, en ese sentido se pueden encontrar los llamados robots virtuales que son asistentes que traen una serie de respuestas predefinidas y pueden interactuar en tiempo real con las personas que acceden a los sistemas tecnológicos pertenecientes a la banca en línea.

Obviamente a nivel Financiero en la actualidad se requiere dar respuesta en tiempo real a múltiples usuarios, que acceden para realizar diversas transacciones en tiempo real las 24 horas del día a la banca en línea. En ese sentido hablar de calidad en la prestación de servicio desde la internet, quiere no solamente tomar en consideración robots o Android que puedan interactuar con los usuarios sino también transacciones que le permitan sentir confiabilidad en tiempo real a los suscriptores de las cuentas bancarias.

Todo cliente de un banco entiende hoy en día la necesidad imperiosa de realizar sus transacciones en línea, entre ellas se puede destacar el pago de servicios, transferencias electrónicas, recepción de dinero y solicitud de constancias entre otras.

En ese sentido es necesario entender que en la actualidad muchos de esos sistemas están hospedados sobre servidores que trabajan con la nube, para poder almacenar gran cantidad de información de forma confiable. Ese sentido la incorporación de una tarjeta GPU, superior a los 1750 MHz, un ancho de banda de 448 GB/s, puede representar la posibilidad de darle mayor funcionalidad a la relación cliente servidor tomando en consideración una velocidad de transmisión de internet que sea bastante aceptable en la actualidad para los requerimientos de los clientes de la banca en línea.

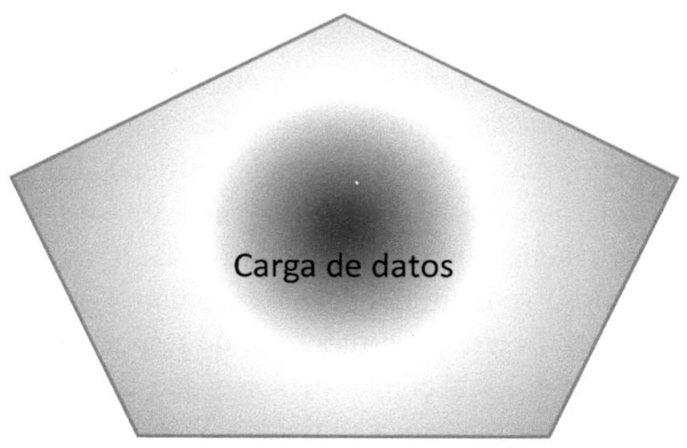

Fuente: Correa O, 2024. Carga de datos.

En la actualidad es altamente recomendado el uso de las tarjetas GPU también conocidas como unidades gráficas de procesamiento, en las cuales se integran miles o millones de transistores para poder realizar una actividad vinculada con el desarrollo de la tecnología de información.

Es necesario indicar en ese sentido que existen portales en internet que cuentan con servidores que almacenan su información en la nube, lo cual equivale prácticamente a capacidad de almacenamiento casi que infinita, esto ha tenido como ventaja que se pueden conectar miles o millones de suscriptores simultáneamente para de esa manera lograr una interacción en línea maravillosa, la cual en la actualidad está enfocada a la generación en línea de imágenes o videos que pueden ser almacenados y descargados en dichos servidores.

En ese sentido se puede observar como la capacidad de almacenamiento a nivel global se ha incrementado, lo cual ha traído como consecuencia que en esos sitios de internet que contienen esos servidores como base fundamental para el almacenamiento prácticamente limitado de información se pueda lograr una interacción entre las personas a nivel global que llega al punto de formar diferentes temáticas de interés en el ámbito de la tecnología de información.

Es necesario destacar en este tipo de servidores pueden incorporar esas tarjetas GPU, las cuales pueden aprovechar al máximo la capacidad de transmisión de la internet, en función de que los usuarios puedan crear rápidamente sus imágenes o videos para mejorar así la conexión a internet, pero también la velocidad de procesamiento de las actividades que se están ejecutando en línea.

Y se está viendo en la actualidad que muchos de esos servidores se conectan con otras redes sociales a través de los llamados vínculos e hipervínculos, para poder generar procesos de interacción que llegan verdaderamente a generar una motivación trascendental en los diversos ámbitos de la vida bien sea la medicina la educación o sencillamente los videojuegos.

La mayoría de las plataformas de Inteligencia artificial pueden integrar en sus servidores la potencialidad de las tarjetas GPU, para así poder lograr esa capacidad de procesamiento tan necesaria para generar los nuevos diálogos interactivos imágenes o videos que requieren los usuarios del mundo entero en dichas plataformas.

Se debe imaginar en este punto la potencialidad que tiene la visión integrada de la internet, en donde se habla de búsquedas en formato electrónico repotenciadas, las cuales se basan en una característica fundamental el aprendizaje continuo y mejorado.

Es necesario destacar que muchas de esas plataformas que seguramente integran estas tarjetas de procesamiento de video e internet, denominadas GPU les permiten a los programas generar ese proceso tan fundamental como lo es el aprendizaje que se genera derivado de la interacción con un determinado usuario el cual obviamente en la mayoría de los casos debe inicializar sesión con un correo electrónico.

Hace ya más de 40 años se está hablando de la aplicación de la Inteligencia artificial, que podía generarse una especie de descontrol en el momento en que ellas tuvieran conciencia de sí misma y se organizaran para mantener el control sobre todos los procesos en el planeta Tierra.

Pues bien, esto que décadas atrás era sencillamente pura ciencia ficción, en la actualidad para muchos científicos representa un tema verdaderamente interesante de debate, lo cual obviamente en el ámbito del desarrollo de la seguridad pública tiene una incidencia importante.

Hoy en día por ejemplo se habla del desarrollo de robots enfocados a la seguridad pública, los cuáles seguramente utilizando un sistema de conexión Wi-Fi les permiten tener una interacción real con los procesos que se deben de realizar en función de mantener una seguridad efectiva para todos los ciudadanos de una determinada ciudad.

En ese sentido más allá del debate científico o temor que se haya presentado en las películas de ciencia ficción, Se observa que este tipo de sistemas ya poseen incorporados reconocimientos faciales, lo cual le puede permitir interactuar de manera eficaz con el usuario que está intentando acceder o conectarse con dicho sistema.

Obviamente que es necesario decir que en la actualidad se está generando un proceso de recalentamiento global en el planeta Tierra, lo cual se ha venido incrementando paulatinamente desde la denominada Revolución Industrial en la cual los procesos industriales se automatizaron muchas veces olvidándose de las consecuencias ambientales inminentes.

Pero más allá de eso al hablar del ambiente tenemos que hacer referencia de que intervienen múltiples factores los procesos de deforestación a escala global también lamentablemente han venido a marcar una situación en la cual no se le permite al planeta tierra regenerarse como debería hacerlo, en ese escenario que se está gestando, hipotéticamente estos sistemas de Inteligencia artificial a través del uso de androides pudieran llegar a realizar actividades en ambientes o climas que puedan superar lo aceptable a nivel biológico, Así que más allá del temor por el uso o desarrollo de la autoconciencia en los sistemas de Inteligencia artificial, debe de pensar en la oportunidad que se tienen estos momentos para comenzar a implementar dichos sistemas en zonas donde se desee realizar investigación como por ejemplo en el mar profundo, montañas muy altas o zonas que por su clima sean verdaderamente inaccesibles.

En base a todos estos argumentos entonces es necesario decir que debemos darle la bienvenida a todos estos sistemas que conjuntamente con las tarjetas GPU, que inicialmente eran utilizadas para todo lo vinculado con el desarrollo de gráficos y videojuegos, hoy en día se ha venido ampliando para ser utilizado a nivel de los sistemas de inteligencia artificial que tienen como característica fundamental no solamente su interacción con el usuario con la persona que le hace alguna pregunta o inquietud, sino que también tiene la posibilidad de aprender en base a las preguntas y respuestas que de manera simultánea va generando dicho sistema en cuestiones de segundos.

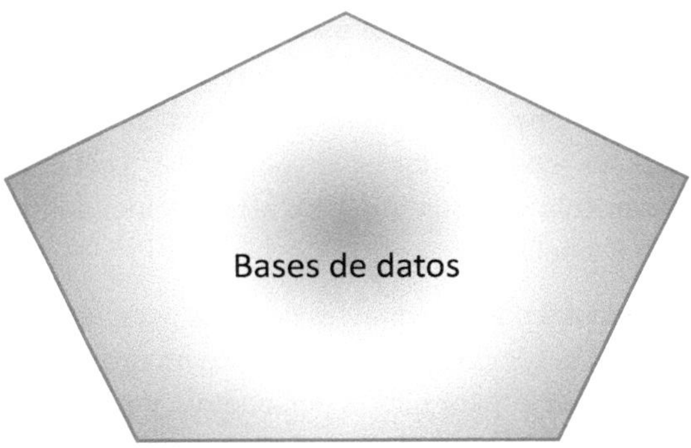

Fuente: Correa O, 2024. Base de datos.

En el ámbito del almacenamiento de la información es necesario revelar que las tarjetas GPU van a interactuar con los servidores en la nube, en la mayoría de los casos dichos sitios web que se dedican a prestar servicio enfocados en el desarrollo de la Inteligencia artificial le permiten al usuario tener una cuenta a través de su correo electrónico.

Lo cual tiene una ventaja significativa ya que en la medida que se van generando resultados de búsqueda o sencillamente generando nuevas imágenes o video puede quedar un historial de las actividades realizadas. Es relevante destacar la importancia que tienen los denominados prompt en estos momentos, los cuáles son instrucciones que pueden reconocer fácilmente los sistemas de Inteligencia artificial.

Existen prompts sencillo que pueden ser instrucciones que estén destinadas a la generación de una imagen que sea realizada desde la perspectiva de la inteligencia artificial, normalmente este procedimiento se caracteriza en un primer momento en la búsqueda de imágenes que tengan que ver con lo que el usuario desea, una vez encontrada se procede a dar un resultado que es transformado por la visión interna en donde obviamente la velocidad de la tarjeta GPU va a generar un papel fundamental para obtener un resultado óptimo en términos de definición de la imagen y presentación general de los detalles que se desean del formato final.

Es necesario indicar que la mayoría de los sitios webs que prestan esos servicios poseen esas tarjetas GPU, que le dan un rendimiento bien destacado para obtener un producto final bastante aceptable.

Ahora bien, es necesario entender que el usuario que está interactuando con esos servidores que están sustentados en tecnología de punta, no necesariamente debe de tener una tarjeta GPU más sin embargo si está interactuando desde un computador que posee un procesador de un Gigahercio pues obviamente va a sentir que no está obteniendo los resultados que desea en el tiempo anhelado.

En este punto se hace recomendable entonces desde la perspectiva del usuario interactuar como mínimo desde un sistema que posea un procesador de cuatro núcleos, superior a los 2 GHz para que la perspectiva y uso del usuario sea óptimo y los resultados se obtengan en un tiempo naturalmente aceptable.

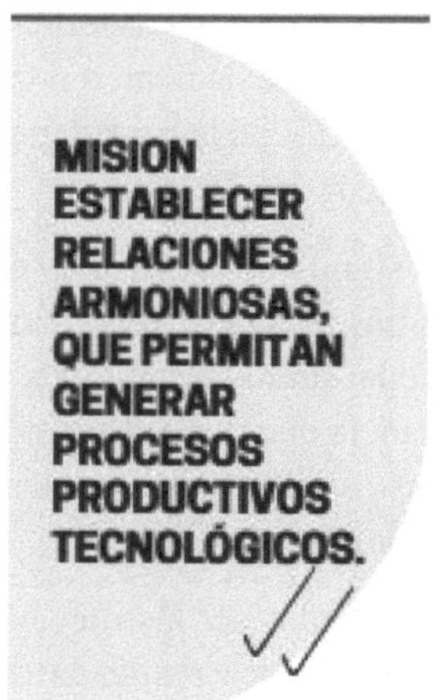

Fuente: Correa O, 2024. Misión.

Es necesario indicar que en función de una clase de procesamiento de datos la utilización de una tarjeta GPU, en un computador viene a ser fundamental, ya que existen casos en los cuales se desea generar diálogos con imágenes en movimiento que muchas veces sincronizan las palabras con lo gestual, obviamente todo esto ha llegado al punto de aparentar tener tanto realismo que ya muchas redes sociales incluyen en sus políticas de uso que todas las personas que vayan a subir algún tipo de video que esté relacionado o sustentado en la inteligencia artificial preferiblemente esto sea señalado como creado por Inteligencia artificial.

En ese sentido existen voces sintéticas que pueden ser incorporadas a una imagen la cual al respetar la ética y los valores y estar en función de apoyar la educación puede ser muy bien vista por la mayoría de las redes sociales, al punto no solamente de ser aceptada desde el punto de vista de la monetización o la posibilidad de generar dinero con ese contenido audiovisual, sino que también en muchos casos recibe una aceptación trascendental por parte de los usuarios en general de las redes sociales.

Obviamente que hoy en día se pueden generar personajes denominados avatares, los cuales pueden expresar gestos y movimientos en función de un contenido que normalmente con una voz sintetizada puede ser generado para crear un impacto audiovisual en torno a un tema en específico.

En el caso de la generación de avatares con movimiento obviamente se requiere la incorporación de las tarjetas GPU, en un computador y programas que al ser instalados puedan ser ejecutados por un usuario que debe de seguir instrucciones en algunos casos de programación y en otros sencillamente de diseño orientada a objetos. En el caso de procesamiento de datos hoy en día existen programas que, al ser incorporados en la computadora, permiten generar diseños que trabajan la realidad virtual y la mixta.

En el caso del procesamiento de datos tiene muchísimo sentido dar clases bajo esos esquemas de tecnología mixta, por ejemplo, si se está intentando explicar las características de una GPU la cual muchas veces incorporan miles o millones de transistores, en un principio se puede mostrar a través de la cámara web que esté conectada a la computadora ese artefacto físico. Posteriormente se puede trabajar a nivel digital con la posibilidad de hacer énfasis en la textura o dibujos que sean necesarios para ir explicando las posibilidades de adaptación y mejora a los procesos de inteligencia artificial que poseen hoy en día las tarjetas GPU.

En ese sentido al generar un proceso de aprendizaje en torno al procesamiento de datos se puede llegar a incorporar la cámara para mostrar la tarjeta GPU, mientras en el diseño interno del programa se pueden colocar imágenes o textura que giran en tres dimensiones para explicar en diversas perspectivas tanto virtual como real Como un proceso puede influir en este caso para el mejoramiento del rendimiento y producto final de lo que se desea alcanzar.

Es necesario destacar que en una clase de introducción al procesamiento de datos si bien es cierto los conceptos tradicionales del computador, son fundamentales también es necesario señalar que la mayoría de los estudiantes, más bien tiene preferencia por el uso de la tecnología de los sistemas celulares inteligentes.

En ese punto el facilitador de los conocimientos tiene que tratar de adentrarse en el desarrollo de aplicaciones que puedan ser de interés para los participantes, utilizando la inteligencia artificial con imágenes que sean llamativas y de actualidad.

Definitivamente al hacer referencia a una clase enfocada en el procesamiento de datos también utilizando la realidad virtual y mixta, por ejemplo, la cámara se puede enfocar lo que es un teléfono y los programas para la edición de texto que poseen, mientras en el entorno de la realidad virtual se puede ir explicando las ventajas de utilizar ese tipo de tecnología y telefonía en función de la redacción de un texto o un trabajo especial de grado.

Cuando se dicta una clase de procesamiento de datos utilizando la realidad virtual y mixta, que se trabaja tradicionalmente desde un computador con un procesador de cuatro núcleos, muchas veces al estudiante le puede parecer como que él puede estar distante de eso o que sencillamente esa tecnología es inalcanzable.

Y no es que esté lejos del alcance, sino que sencillamente la mayoría de los jóvenes en la actualidad están preferiblemente vinculados o relacionados con la tecnología de los teléfonos inteligentes los cuales son muy veloces y muy seguros de usar. Por lo cual su preferencia y aceptabilidad es tradicionalmente mayor que la de un computador que estamos conociendo desde el siglo 20.

En algunos casos el estudiante se siente limitado al ver que el facilitador está usando una computadora sobre todo si no cuenta con un dispositivo de ese tipo en su hogar, sin embargo, es necesario indicar que muchos de esos programas para computadora han sido actualizados y mejorados para la tecnología de los sistemas de telefonía inteligente y se encuentran disponibles desde la tienda de aplicaciones que pueden ser descargadas desde los sistemas Android o iOS.

En ese momento le toca el facilitador de la unidad curricular introducción al procesamiento de datos generar esa interacción positiva con el participante que debe ser en un principio informativa, y se debe entender que el participante puede tener un enfoque más hacia la telefonía inteligente más no significa que no se pueda apropiar del diseño y generación de nuevos programas o software con el uso de su teléfono sencillamente utilizando las herramientas de edición de tecnología virtual y mixta que están disponible desde las aplicaciones que se pueden descargar e instalar en los teléfonos de la mayoría de las personas.

Definitivamente los jóvenes pueden presentar una altísima vocación por unidades curriculares vinculadas con el procesamiento de datos, obviamente ellos conocen lo que representa un contenido que es de utilidad y de actualidad ya que la internet y las redes sociales constantemente están informando acerca de curso o programas que son relevantes en el ámbito de la Inteligencia artificial.

Existen programas o aplicaciones tradicionales como WhatsApp que deben ser parte fundamental de una clase enfocada a la introducción al procesamiento de datos, que la mayoría de los estudiantes bien sea por una situación familiar o de amigo cuenta con una aplicación de ese tipo en sus teléfonos.

En ese punto se hace necesario entender la importancia de crear grupos en las redes sociales para integrar a los participantes, siendo necesario destacar que el facilitador hoy en día tiene que tener un enfoque y una vocación casi que a diario en torno al aprendizaje de los nuevos enfoques y conocimientos que surgen en el área tecnológica.

En algunos casos los estudiantes hacen referencia a sistemas en línea de Inteligencia artificial, cuáles tienen competencia directa en el ámbito de procesamiento de datos ya que permiten editar texto o imágenes en línea y pueden ser descargados al computador o al teléfono.

Ese sentido es recomendable que el facilitador de la unidad curricular de procesamiento de datos tenga un enfoque abierto a los nuevos paradigmas o sitios web que están surgiendo en la internet, especialmente cuando se dictó una clase virtual es necesario entender que existen participantes que poseen conocimientos previos de actualidad en torno a cómo realizar videos con inteligencia artificial imágenes o edición de texto inteligente.

En ese momento el facilitador cuenta con una oportunidad maravillosa para superar algún tipo de brecha personal en el aprendizaje que posea, necesario entender que en la era o social conocimiento todos tenemos algún granito de arena que aportar en función del procesamiento de datos.

Pero es necesario un principio tener humildad para entender que, así como los sistemas de Inteligencia artificial constantemente están generando un proceso de aprendizaje muy parecido a nuestro sistema neuronal. También nosotros tenemos que tener una vocación firme en función de generar un proceso de autoaprendizaje que se adecue a las necesidades y requerimientos de actualidad.

Los sistemas de inteligencia artificial filosóficamente asumen la postura de tener la capacidad de aprender en función de la interacción que tienen con sus usuarios a través de las preguntas o respuestas, definitivamente también el facilitador de introducción al procesamiento de datos tiene la responsabilidad fundamental de tener la humildad necesaria.

Para entender que en algún momento puede surgir algún conocimiento que maneje un estudiante o tema que sea desconocido, pero teniendo la vocación para asimilarlo y comprenderlo se pueden superar las brechas de aprendizaje y lograr demostrarle al colectivo estudiantil que tienen a una persona que es capaz de escucharlo y de adaptar esas nuevas tecnologías al proceso de enseñanza aprendizaje que se está gestionando.

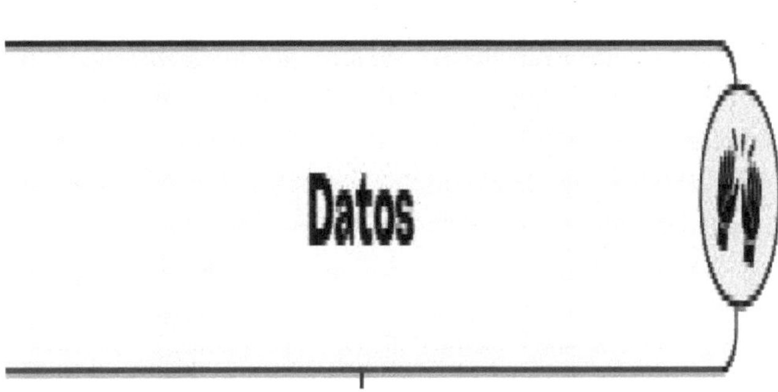

Fuente: Correa O, 2024. Datos.

Puede llegar el momento en el cual sea necesario incorporar una tarjeta GPU a un computador, en el proceso de enseñanza del procesamiento de datos es necesario destacar que los programas de inteligencia artificial constantemente se están actualizando lo cual va a representar que se debe disponer una mayor cantidad de almacenamiento importante para poder lograr integrar esa actualizaciones efectivamente que obviamente vienen a darle mayor funcionalidad a lo que se está intentando realizar como resultado final.

En el caso de la utilización de programas que desarrollan inteligencia artificial se puede destacar la importancia que tienen algunos los cuales básicamente al dictarles una palabra o una frase tienen la capacidad para desarrollar imágenes que estén vinculadas con un tema específico, de esa forma en la actualidad se pueden generar videos superiores a los 5 minutos en donde se combinan textos que han sido creados en algún momento a través de la inteligencia artificial conjuntamente con imágenes obviamente en muchos de esos casos resultado final o archivo de multimedia puede tener un peso superior a los 650 mb de almacenamiento.

El tamaño de resultado final va a depender obviamente de el tipo de resolución que se desee en algunos casos cuando se está trabajando la resolución superior a los 4k es necesario entender que se va a tener una mayor definición de la imagen pero también se debe de contar a nivel local en el disco duro con mayor capacidad de almacenamiento.

Lo cual a su vez también se tiene que entender que en función de lo que es el hospedaje de la información se debe de que requerir mayor capacidad de transmisión de datos en la internet. Existen ciertos casos en los cuales se puede generar, un contenido de multimedia sustentado en la inteligencia artificial tomando en consideración una calidad de imagen baja que tradicionalmente se conoce en ese tipo de programas como el borrador, en ese sentido la diferencia con respecto a un video que se desarrolla en el ámbito de 4k puede ser bastante considerable.

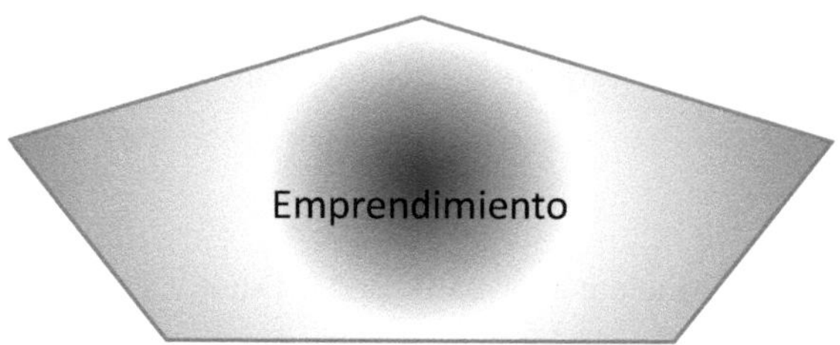

Fuente: Correa O, 2024. Emprendimiento.

En el caso de generar un video de aproximadamente 45 segundos con el formato borrador se puede obtener en la mayoría de los casos un resultado final que no debería exceder los 140 megabytes de almacenamiento.Cuando se está generando contenido sustentado en la inteligencia artificial es necesario indicar que muchas veces se puede transcribir un texto para que aparezca en la parte inferior del video, lo cual incide directamente en el proceso de atracción visual que se desea obtener, pero también en el enganche o capacidad de llamar la atención por parte del usuario final que es en realidad lo que siempre se desea.

Una vez que se ha colocado el texto escrito en las diferentes secciones de las imágenes que forman parte del video, puede proceder a asignar lo que es una voz sintética que tradicionalmente va a expresar lo que está contenido como su título en el video. Este tipo de Voces sintéticas pueden variar en cuanto al estilo femenino o masculino, pero también en cuanto a los tonos mucho más graves o menos agudos.

Esto de la transcripción de texto que puede ser pronunciado por voces artificiales ha llegado un punto verdaderamente interesante, se puede seleccionar voces de personas con diferentes acentos los cuales pueden variar de acuerdo a su nacionalidad. Inclusive esto ha llegado al punto a que en que la velocidad de pronunciación de la voz sintética que se está reproduciendo se puede hacer más la rápida o más lenta, todo va a requerir de las necesidades que se tengan en el caso del público final que se pretenda cautivar.

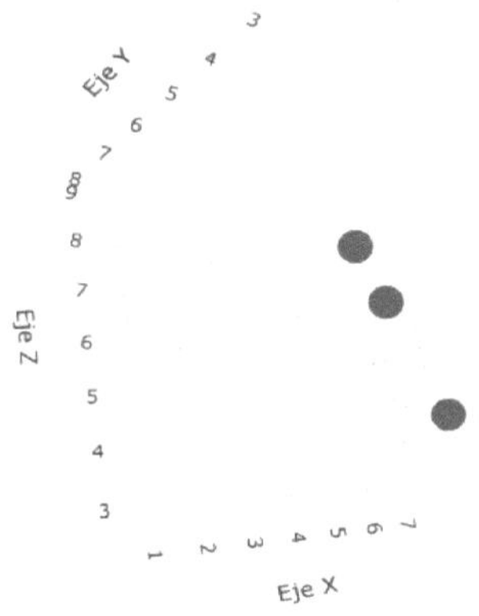

Fuente: Correa O, 2024. Gráfico tridimensional

Algunos programas de Inteligencia artificial al ser instalados en una computadora pueden requerir una tarjeta GPU, ya que en algunos casos tienen la posibilidad estos programas de generar efectos a los diseños de las imágenes que se están presentando, uno de los más comunes y utilizados es la combinación de imágenes con videos que aparentan estar integrados y unificados como uno solo.

Lo cual viene a representar en la práctica por ejemplo que en la parte superior del video se establece una imagen fija, y en la parte inferior va apareciendo lo que sería un automóvil trasladándose por una autopista en la cual van mostrando no solamente las señales de tránsito de la vía sino también la naturaleza y el cielo para generar un contraste de movimiento, pero también realzando la imagen superior que se desea tener como prioridad.

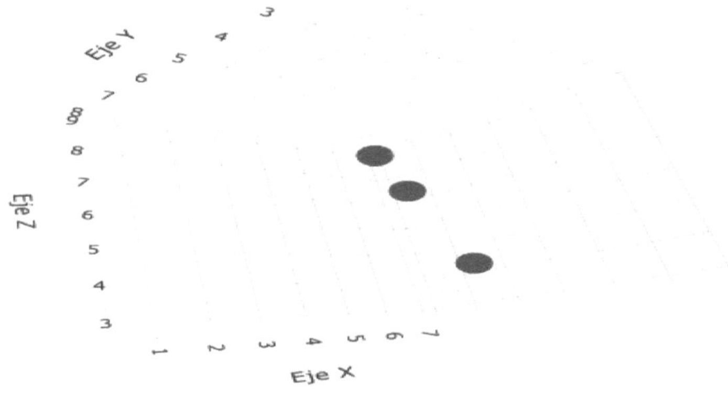

Fuente: Correa O, 2024. Gráfico tridimensional

Es necesario destacar que en la actualidad se puede realizar un análisis estadístico de los indicadores enfocados al procesamiento de datos. Definitivamente cuando se hace mención a indicadores se debe tomar en consideración que estos representan la capacidad para analizar el estado actual de una situación que se desee evaluar, pero también se puede tomar en consideración 5 años anteriores o 5 años posteriores a la realidad imperante en estos momentos.

En ese sentido al hacer referencia a ese fascinante mundo de indicadores enfocados en el procesamiento de datos se debe tomar en consideración las fortalezas tecnológicas actuales imperantes, las cuales en su mayoría están sustentadas en la internet tomando en consideración sistemas de inteligencia artificial que ejecutan sus actividades sobre servidores que simulan una nube de información normalmente es conocidos como servidores en la nube.

Obviamente en una sociedad la información en donde constantemente se realizan búsquedas, pero también se crean nuevos conocimientos a través de la generación de imágenes videos y gráficos, es necesario decir o señalar en ese momento que se debe de tener una capacidad importante para poder almacenar toda esa información que constantemente se está generando.

Es por ello que esos servidores denominados en la nube, vienen en estos momentos a jugar un rol importante al punto de que muchas empresas se dedican a prestar servicio de alquiler de almacenamiento el cual en un principio puede variar desde 5 GB hasta una posibilidad ilimitada de almacenamiento también conocida en algunos casos como Hosting.

Frente a esta a situación se presentan ventajas comparativas y desventajas que se deben analizar, entre las principales ventajas es poder contar con una empresa que está activa las 24 horas del día prestando un servicio de almacenamiento que a través de una clave de acceso y un usuario debería de almacenar una serie de información que se va cargando simultáneamente ha dicho servidores tomando tradicionalmente los protocolos de internet basados en la navegación dentro de los navegadores.

Ese punto se debe hacer referencia al autoservicio en demanda lo cual viene a ser la posibilidad de que el usuario final que necesita un hospedaje o sitio para almacenar información, tenga la posibilidad de subir su información en tiempo real sin necesidad de que un tercero intervenga en el proceso. En ese sentido es necesario destacar que todavía siguen vigente los llamados file transfer protocol también conocidos desde el siglo 20 como ftp, los cuales vienen a ser una forma segura que a través de una interfaz gráfica le permite tener una doble pantalla al usuario.

La pantalla principal viene a representar todos esos archivos que está manejando en su computadora o teléfono inteligente, segunda pantalla estaría enfocada al directorio remoto o carpeta de destino en la cual se van a hospedar todos esos archivos que necesitan ser respaldado bien sea por medida de seguridad o como una forma sencilla para tener la información de manera remota las 24 horas del día disponible.

Esta situación es necesario decir que han emergido diversas empresas a nivel global que tienen grandes capacidades de almacenamiento los cuales seguramente cuentan con esas tarjetas GPU, que permiten ampliar la velocidad de procesamiento y de conexión en los procesos a la internet.

Obviamente en cuanto este servicio lo fundamental que se requiere es sobre todas las cosas que esté disponible tanto en la descarga como en la subida en un tiempo relativamente corto o preferiblemente en cuestión de segundos. La ventaja de este tipo de autoservicio con servidores basado en la nube, es que le dan la posibilidad al usuario de disponer de esa información que necesita poseer de una manera inmediata, necesario señalar el caso por ejemplo de las tesis de grado muchas veces se logra observar que los participantes cuando están realizando los diferentes capítulos de su trabajo investigativo pueden encontrar que eso lleva una serie de semanas de investigación y de dedicación a transcribir en su computadora, lo cual obviamente presento una serie de vulnerabilidades sobre todo en el momento en que en el disco duro de la computadora surge alguna falla que sea grave y que no permita realmente recuperar la información.

En ese momento entra en acción el servicio de respaldo que se ha obtenido de algún servidor en la nube, ya que, si el estudiante ha logrado subir diariamente las actualizaciones vinculadas con su tesis de grado al servidor en la nube, pues sencillamente una vez que haya reparado su disco duro lo único que tendrá que hacer es descargárselo para continuar trabajando en el último capítulo que haya subido al servidor de almacenamiento.

Frente a esta situación hay quienes dicen que podrían presentarse vulnerabilidades al contratar este tipo de servicios en la nube en una empresa privada, ya qué muchas veces existen unos términos de servicio en donde la empresa en teoría debería de prestar un servicio las 24 horas del día en la realidad eso no suceden, así pueden ocurrir diversos cambios inclusive vulnerabilidad en la seguridad de los sistemas que conlleve a que en algún momento aún inclusive una empresa privada prestadora de dicho servicio tenga algún tipo de falla que sea temporal o indefinida.

Entonces se debe de tener la información respaldada como mínimo en dos unidades de almacenamiento, ya que también aún esos sistemas contando con unidades de respaldo internacional en servidores internacionales pueden llegar a fallar ocasionando pérdidas importantes en la información. Frente a esta disyuntiva obviamente se plantea la situación en el cual el usuario que está procesando datos o que sencillamente está transcribiendo su tesis de grado, puede llegar a pensar en la posibilidad de transformar su computadora o laptop en un sistema de almacenamiento estilo nube para dar garantía de respaldo de la información a sus propios procesos.

Obviamente en el marco de esta situación que se presenta en la actualidad sería necesario destacar un indicador en el uso del procesamiento de datos, esté enfocado básicamente en el nivel de respaldo de la información el cual en la práctica necesariamente producto de todas esas vulnerabilidades anteriormente mencionada debe de estar sustentada en tres fuentes diferentes e independientes de almacenamiento de la información.

En ese sentido dependiendo del nivel de importancia que posea la información se puede hablar de un indicador de respaldo de información sustentado un alto nivel de la calidad, cuál debería de consistir desde el punto de vista administrativo y gerencial en la posibilidad de que la institución o empresa que se está gestionando pueda contar efectivamente con servidores en la nube de carácter privado y gratuito que permitan darle disponibilidad inmediata a la información clave que se maneja, y que esto sea un complemento fundamental para todos los procesos que se tienen almacenados en los computadores de la institución.

Este indicador entonces vendría a componerse de tres partes fundamentales las dos primeras sustentadas en la utilización de servicios en la nube tanto de empresas privadas como de servicios gratuito, los cuales deben ser actualizados prudencialmente desde los servidores que posea la institución. Ya que hoy en día la información que se maneja es clave y muchas veces puede ser confidencial, también se requiera que exista un personal capacitado en esta área para dar garantía que estos procesos se cumplan con efectividad.

No solo del punto de vista de la supervisión sino también desde la visión estadística es decir se debe de llevar un registro en sistema de la información que se maneja dentro de la institución y todo aquello que se ya se ha logrado respaldar, para así jamás dejarle a la suerte algo que puede ser clave en el desarrollo de los procesos de la institución.

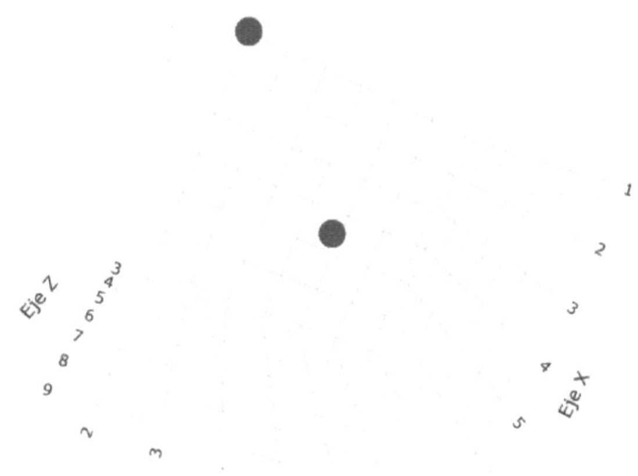

Fuente: Correa O, 2024. Indicadores.

En el caso de las instituciones universitarias es bien conocido que la actividad del profesor, puede estar enfocada hacia la docencia la investigación y la extensión Universitaria. Pero inclusive en cualquiera de esos procesos es necesario llevar un registro de las actividades que se hacen especialmente cuando están en interacción con los estudiantes universitarios. En ese sentido en la parte de la docencia se deben de gestionar indicadores los cuales normalmente están asociados a la posibilidad de evaluar el rendimiento final de cada estudiante, a través de la asignación de una nota definitiva.

En ese sentido se requiere en el caso de universidades con características nacionales que tienen presencia en el territorio de manera integral de un país, se hace necesario desde el nivel central establecer sistemas que tengan la posibilidad de conectarse en tiempo real con las diferentes sedes de la universidad para así contar con un registro que tenga fiabilidad y que preferiblemente se ha cargado desde el nivel docente.

En ese sentido entraría en juego tres factores fundamentales fundamentados en el núcleo principal de la universidad que debe contar con las bases de datos y servidores necesarios para almacenar toda esa información en forma de notas. Como segundo punto importante se debe tomar en consideración que el nivel de control de estudio de cada sede de la universidad debe de tener el acceso a nivel central para poder así cargar la lista de participantes y abrir la posibilidad a cada profesor de las unidades curriculares para que puedan al finalizar la materia cargar sus notas bien sea desde su hogar o desde una sala de computación que pertenezca a la institución.

Hablando de gestión de indicadores desde la visión del procesamiento de datos en ese nivel macro en las universidades, se debe tomar en consideración el tiempo promedio cumplido de la carga de notas. Para ello se debe de llevar un registro de todos los profesores a nivel nacional que tuvieron la posibilidad de cargar nota a tiempo, cuál al final viene a ser una ventaja para los estudiantes ya que si alguna unidad curricular presenta prelación ya se podría tomar en ese punto las previsiones necesarias.

Para mejorar este indicador de efectividad en la carga de notas es necesario obviamente desde el nivel central superior de la universidad generar la información necesaria y relevante en cuanto al comienzo de la carga de las notas por parte del nivel docente y el final, se debe reflejar claramente la fecha inicial en la que cada docente podrá cargar la nota de sus estudiantes y el final en el cual ya deberá imprimir dicha acta y enviarla al nivel central de la universidad para que todos esos datos puedan ser procesados y representen una información confiable para el bienestar de todos los estudiantes y el desarrollo armónico de la universidad.

La experiencia docente indica que los participantes a partir de un proceso de inspección visual que realizan pueden determinar casi de manera instantánea si alguna unidad curricular puede cumplir con lo que son sus expectativas o intereses, en ese sentido normalmente ellos intuitivamente analizan el nivel de actualidad de los contenidos que el facilitador está impartiendo y si realmente yo siente que está acorde a la realidad que ellos conocen en su teléfono inteligente y todos los programas que ellos utilizan entonces dan el siguiente paso que es comenzar a entregar sus actividades en el tiempo que corresponde.

Esta motivación por parte del estudiante va a incidir en un indicador sumamente importante que también puede motivar el desempeño del facilitador, en ese sentido se debe de mencionar el nivel de permanencia del estudiante en la actividad de la unidad curricular, para lograr analizar este indicador se debe de tomar en cuenta el 100% de los estudiantes que comenzaron a visualizar o abordar la primera clase, y cuántos de ellos lograron finalizar al terminar con su última evaluación en el lapso de tiempo estimado.

En este punto es necesario indicar que dentro de este indicador no se pueden incluir todos aquellos estudiantes que decidieron inscribir la unidad curricular y que aparecen en la lista, solo para evaluar este indicador se debe de tomar en cuenta aquellos estudiantes que estando en la lista de clase asistieron a la primera actividad y lograron concluir con éxito las actividades planteadas que tradicionalmente pueden ser cinco evaluaciones en el caso de una unidad curricular Universitaria.

Es necesario decir que muchas veces existe la necesidad de actualizar los laboratorios en las universidades para poder disponer de los programas informáticos que realmente están a la vanguardia, cuando esas situaciones no ocurren en la experiencia se observa que existen profesores con una gran iniciativa que han invertido en tecnología.

Bien sea en teléfonos Tablet laptop o computadores, y que dichos recursos los ponen a disposición de los estudiantes no de una manera directa en cuanto al contacto físico, sino que también desarrollan sitios web blog o aplicaciones que le permiten a los participantes tener acceso a todos esos conocimientos que el profesor Ha logrado desarrollar desde su hogar pero que representa una Innovación para todos ellos.

En ese momento se estaría en presencia de un facilitador de una unidad curricular con una característica fundamental que es la capacidad de autoaprendizaje y la motivación fundamental para poner a disposición de sus estudiantes un contenido de calidad para que ellos también se sientan altamente satisfechos.

Definitivamente en los procesos universitarios en cuanto al respaldo de información en la nube tomar ese indicador sustentado en ese apoyo externo tanto privado como gratuito más la gestión tecnológica interna de cada universidad viene a hacer algo que le permite a toda universidad tener mayor control sobre ese tema tan importante como lo es la nota de cada estudiante, que al fin y al cabo tiene que conducir al egreso de un profesional que sea responsable sustentado en valores y que con su conocimiento llegue a contribuir con una mejor sociedad y un mejor planeta.

Ahora bien como indicador del desempeño de un docente en la actualidad cuando se observa que ese profesional que está ejerciendo en un salón de clase o desde su casa a través de alguna plataforma virtual o red social Pero que tiene la capacidad de incorporar sus recursos personales para darle una mayor importancia a lo que se está enseñando entonces se puede hacer referencia a un facilitador que cumpliendo con todos los valores universitarios y personales deseados pasa a ser un ejemplo a seguir dentro de la universidad.

Y esto se ve reflejado en la práctica en el momento en que al docente se le llama para asistir a un curso de ascenso, cuál normalmente puede ser una iniciativa muy favorable para todos los profesores una universidad ya que si se les imparte un curso por ejemplo de nivel doctoral y ellos tienen que cumplir con una serie de actividades para poder aprobarlo más una presentación final de tesis de grado, ese punto entonces se podría hablar de la prueba de fuego del personal docente que es sobresaliente.

En el transcurso de esas actividades de ascenso de mejoramiento profesional a través de las exposiciones, cada uno de los docentes debe demostrar cómo dentro de su cátedra ha venido desarrollando actividades que contribuyen al desarrollo de la sociedad, a permitir una sociedad que incluya valores ambientalistas el respeto, pero también que le permita al prójimo ser mucho más productivo a partir de la investigación que desde el clúster universitario se está gestando.

Ese curso de ascenso se puede denominar la llamada prueba de fuego porque llega un momento en que se conforma un personal profesional que va a su vez evaluar a los docentes, y en ese momento obviamente se toma en consideración los trabajos de grado que cada uno de ellos estén presentando y dependiendo de la clasificación que se obtengan así ellos a su vez podrán realizar una presentación final en donde se podrá evaluar verdaderamente la capacidad que tiene cada docente para incorporar sus propios recursos tecnológicos, proceso de auto capacitación que tributen de manera efectiva en el desarrollo de su unidad curricular pero sobre todas las cosas saberlo difundir utilizando la tecnología de información vigente llámese aplicaciones Script, página web, blog o sencillamente las redes sociales.

Un docente universitario cumple con todo ese proceso en su evaluación para un ascenso una escala de categoría superior, entonces se podría hacer referencia a un profesional que ha entregado su vida a la docencia a la investigación y la extensión Universitaria, destacando inclusive desde su universidad teniendo proyección a nivel global, resaltando entre muchos profesionales para demostrar que la calidad de servicio es lo que prevalece cuando se tiene presente la innovación como médula fundamental y la vocación de servicio al prójimo como forma de vida personal.

Es necesario indicar que se hace referencia a la importancia de poder contar con servicio de almacenamiento en la nube, que tomen consideración fuentes externas como empresa privada o instituciones que ofrezcan el servicio de manera gratuito para con ese doble control poder apalancar la gestión interna que se realiza desde el servidor principal de la institución.

El cumplimiento de esos tres factores vendría a denotar un nivel de manejo de la información bastante aceptable, qué de punto de vista del indicador respaldo de la información, se estarían cumpliendo ciertos pasos bastante fundamentales para dar posibilidad de que en algún momento si alguno de esos elementos falla se tenga todavía disponibilidad de otros dos que puedan entrar en operación para dar respuesta a las necesidades de información que en algún momento se requieran.

Más sin embargo se debe tomar en consideración que es indicador de respaldo de información en un principio es aceptable, pero como toda institución aún los indicadores deben estar en el marco de la gestión de la calidad total o el mejoramiento continuo, entendiendo que inclusive desde la perspectiva práctica se hace bastante aceptable el manejo y respaldo de la información.

Con esa triada anteriormente mencionada, se debe siempre tener la mirada puesta en el concepto de independencia tecnológica para darle un mayor rendimiento a todos esos indicadores que desde la visión práctica sean aceptables pero que siempre desde la teoría y los sueños que todo líder empresarial tiene que tener en su mente puede hacer efectivo con el uso del desarrollo tecnológico implementado de manera progresiva.

En ese sentido para potenciar esos indicadores de almacenamiento información que en algún momento puedan ser aceptables, se hace necesario profundizar en el concepto de independencia tecnológica dentro de la organización para ello comenzar a desarrollar e implementar servidores que se alimenten de la energía eléctrica tradicional que viene del suministro que todo estado otorga las instituciones a través de las redes eléctricas, cuál en teoría siempre debe de funcionar incorrecto estado se debe de pensar mucho más allá se debe de empezar a generar esas tecnologías que contribuyan a implementar nuevos proceso energéticos dentro de cada institución.

Se debe destacar la integración de equipos multidisciplinarios en los cuales las personas que desarrollan el área de sistema tengan contacto también con todos aquellos que en algún momento pueden desarrollar algún tipo de investigación para la generación de energía eléctrica.

En ese sentido comenzar a establecer los proyectos enfocados al desarrollo de molinos que aprovechen el viento, el desarrollo de motores que potencien la generación de energía el desarrollo de diseños de bobinas de tesla que le permitan a toda institución soñar con su independencia energética a través de la investigación, es algo que desde el punto de vista de la gerencia de calidad total y el liderazgo de toda institución se debe de tener presente.

Obviamente que la integración de un equipo multidisciplinario va a jugar un papel fundamental para que todos esos proyectos que se están desarrollando en el área energética, vengan a darle un apoyo efectivo y sustancial a esos procesadores que tienen un enfoque estilo nube para así poder también tener en ese momento la posibilidad de contar con un servicio interno que almacene gran cantidad de almacenamiento de información, y que esté respaldado a su vez por fuentes de generación eléctrica tradicionales como las propias que se estén generando dentro de la institución.

En ese sentido se puede considerar que se cumple la inspección porque se tiene lo que se dispone en el mercado e internamente en la institución, tomen consideración el control de la calidad porque se llevan resultados estadísticas de cuánta información se ha almacenado en cantidad de gigabytes o megabytes y cuánto espacio será necesario para los próximos dos años como mínimo tomando en consideración el mediano plazo como algo bastante válido para por ejemplo llevar la gestión de control de estudio en una universidad.

El aseguramiento de la calidad es cuando se tienen en cuenta todos esos manuales que de alguna manera se registran a diario, que semanalmente se presentan con formas de gráfico para así entender visualmente cómo se están llevando cada uno de los procesos en el área de sistema y cómo eso a su vez puede estar interrelacionado con el área de la investigación en energía para tributar efectivamente en un largo plazo de 5 años en la independencia energética y tecnológica que todo universidad debe de tener.

Contribuir con un sueño de esta magnitud gracias al esfuerzo de un equipo de profesionales multidisciplinarios al final debe de incidir en que se pueda crear esa gerencia de la calidad total, en la cual el impulso del liderazgo esté sustentado en la posibilidad no solamente de cumplir las normas internacionales de estandarización de proceso sino también de manejar.

Gestionar los procesos desde la visión de la independencia tecnológica para entender que todos esas formas de medición que se tienen de los procesos del manejo de la información del control de la información, llegar a ser blindada cuando se tiene la fortaleza en el corazón para desarrollar tecnologías energéticas y de servidores para contar con un almacenamiento adecuado, que a su vez permita procesar los datos a tiempo en este caso poder tener un registro por ejemplo de algo tan importante como el nivel de aprobados en cada unidad curricular, o sencillamente el nivel de estudiantes que logran culminar con éxito una determinada carrera profesional.

Todo este mundo de la gestión de indicadores de procesamiento de datos, vuelve algo fascinante cuando se tiene la voluntad de integrar esfuerzos a través de una meta en común la cual conduzca a generar ese empoderamiento tecnológico y energético tan necesario, para demostrar con ejemplos que la investigación Universitaria que se realiza en una determinada institución está dando resultados efectivos, que se cuenta con la motivación necesaria para poder vencer todos los obstáculos.

 Así como los grandes investigadores de la humanidad como Nikola Tesla, que lograron desde su visión intentar transformar una realidad para masificar gratuitamente el uso de la energía con sus ideas brillantes a través del uso de una antena que tuviera alcance global, así también el liderazgo de toda institución tiene que demostrar que tiene un compromiso con la investigación para transformar la realidad y hacer que las personas tanto el cliente interno como el cliente externo se sientan inspirados para dar lo mejor de sí y empezar a soñar con una realidad que sea óptima y que tribute al bienestar de todos los individuos que integran esa comunidad Universitaria.

Fuente: Correa O, 2024. Gestor de imágenes.

Es importante destacar en la actualidad que, en los procesos educativos orientados al procesamiento de datos, adicionalmente se utilizan gestores de imágenes inicialmente en los servidores de principio del Siglo 21, se trabajaba con el file managers que representaba la oportunidad para subir archivo por archivo todos esos contenidos sustentados en gráfico que se deseaban manejar para nutrir las páginas web o sitios de internet que se estaban desarrollando.

Es necesario destacar que en la segunda década del siglo XXI todo esto ha venido evolucionando de una manera vertiginosa, se ha evolucionado de imágenes que tradicionalmente tenían una capacidad sustentada en un megabyte a imágenes con gran definición que pueden superar hasta los 20 Mb.

Adicionalmente a esto en la actualidad existen servidores que han incorporado no solamente la tecnología de la nube en cuanto al almacenamiento casi que infinito, paralelamente tiene la posibilidad de que el usuario pueda introducir una introducción o frase que haga referencia a un tema en específico y que obtenga como resultado una imagen o video que puede ser hospedado en el sitio donde se está interactuando en tiempo real.

Partiendo de este principio es necesario destacar que todos estos sistemas hoy en día se conectan con el llamado aprendizaje inteligente en donde ese sistema interactúa con un usuario simultáneamente para generar un aprendizaje que comparte y que le sirve como experiencia para abordar nuevos temas de conocimiento.

Ahora bien, todo esto se sustenta en dispositivos que se han desarrollado tomando en consideración el cerebro específicamente las neuronas que forman parte fundamental de nuestro razonamiento. Obviamente ha pasado a ser el ser humano el elemento fundamental a estudiar para desarrollar las nuevas máquinas que requieren dar respuesta con eficiencia a los desarrollos tecnológicos que se intentan establecer en la actualidad.

Es por ello que se hace referencia a un aprendizaje neuronal, en el cual definitivamente en el caso de las computadoras hoy en día está sustentado en los llamados procesadores neuronales también conocidos como NPU. En ese sentido es necesario destacar que la estructura lógica de dicho procesador tome en consideración la estructura de relaciones neuronales del ser humano, pero hoy en día con el desarrollo de modelos matemáticos sustentados en variables y vectores se puede aplicar esto de una forma práctica para resolver problemas de la vida diaria.

En esa construcción de matrices hay múltiples relaciones que en algún momento determinado pueden generar un error, pero también tiene la capacidad para enmendarlo de tal manera que, aunque no muestren unas emociones como la de los seres humanos tienen plena conciencia práctica de que pueden mejorar en la medida que interpretan nuevas interrupciones y dan resultados a nuevos objetivos planteados.

En el caso de los seres humanos muchas veces se observa que hay múltiples interacciones para genera un resultado final. Esto es sumamente evidente en el caso de la investigación cuando un investigador estando en Suramérica puede tener contacto con diversos investigadores en diversos continentes para así aplicar una encuesta que le conduzca a obtener resultados confiables sobre algún tema investigativo que se está desarrollando bien sea a nivel social o que tenga que ver con el ámbito científico.

Es paradójico señalar que una vez que el investigador ha obtenido su resultado procede a publicarlos en alguna revista científica de ámbito internacional, cuál va a permitir la generación de nuevos conocimientos a partir de aquellos profesionales que van a tener acceso a dicho artículo, pero también tendrán la capacidad de relacionarlos con nuevos temas.

De esa forma se puede observar que se trazan una serie de relaciones hoy en día a nivel global en un tema investigativo, con el paso del tiempo se va uniendo a nuevas investigaciones para recrear conocimientos anteriores y tratar de generar nuevos conceptos que se adecuen a la realidad tecnológica cambiante.

En el caso de los procesadores neuronales se trabajan con matrices, los cuales pueden generar múltiples interacciones entre ellas para así evaluar un tema en específico, y al ser comparado en cuestión de segundos con otras dimensiones o variables poder reconstruir un nuevo diseño en función de los requerimientos exigidos por el usuario en el ámbito de la Inteligencia artificial.

Es necesario indicar que este tipo de procesadores neuronales en la próxima década va a tener una aplicabilidad de alto nivel, ya que podrá ser incorporado en las computadoras laptops Tablet y teléfono celulares inteligentes. Se debe tomar en consideración un principio básico como lo es la navegación la cual hoy en día ya le permite al usuario tener una síntesis o resultado generado por una inteligencia artificial, que permite sintetizar el resultado de la búsqueda en una forma que abarca el todo global para tratar de traerle al usuario final el máximo nivel de funcionalidad a lo que él en estos momentos desea.

Es necesario entender que, en los próximos sistemas operativos, la tendencia de incorporar programas sustentados en Inteligencia artificial cada día será mayores, por lo tanto, seguramente se desarrollarán tecnologías que sustentada en tarjetas madre que se acoplen a los llamados NPU le permitirán al usuario final tener un mayor beneficio y aproximación a esos programas sustentados en Inteligencia artificial que han venido superando a formas tradicionales de búsqueda en la internet.

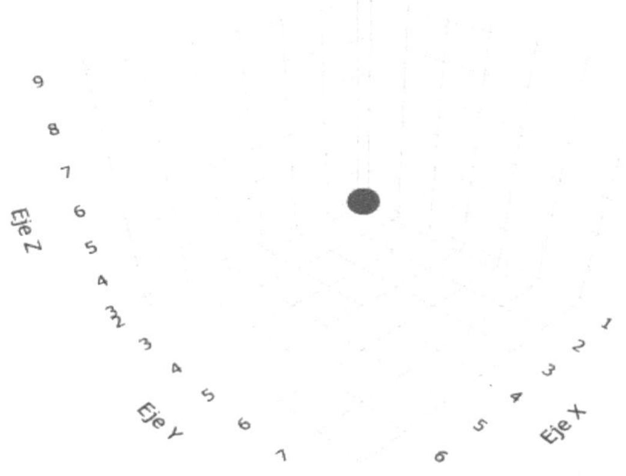

Fuente: Correa O, 2024. Indicadores de procesamiento de datos.

Analizando los procesadores de datos en cuanto a buscadores en los próximos años seguramente va a haber un incremento de la utilización de la Inteligencia artificial para obtener resultados de búsqueda. La tendencia es a intentar dar un resumen de lo que se desea encontrar generando un primer vínculo que haya sido el resultado de la comparación análisis interpretación de lo que vendría representar lo que realmente desea encontrar un usuario.

Anteriormente se podía observar una clasificación del 1 al 10 que en teoría representaban los primeros números las mejores opciones de búsqueda, sin embargo, el análisis neuronal de estos buscadores hoy en día se enfoca a dar un único resultado que sea pertinente de actualidad y que genere una utilidad práctica para el usuario que está buscando un contenido en específico.

Es necesario indicar que, si esto continúa evolucionando hacia los procesos sustentados en la Inteligencia artificial entonces también los programas de edición de video e imágenes, seguramente incorporados en los sistemas operativos le van a permitir al usuario generar una nueva imagen a partir de un texto o frase que desee incorporar en su diseño, lo cual seguramente también va a ser de alta utilidad para la generación de contenidos de video y multimedia en general.

Obviamente en el marco de toda esta situación una de las orientaciones que
deberá tener el usuario en los próximos años a la hora de adquirir un equipo
es verificar que contenga una unidad de procesamiento neuronal, la cual le va
a permitir una mayor funcionalidad a la hora de utilizar este tipo de recursos.

En el caso de los programas de procesamiento de texto, seguramente se verá
que incluirán la opción del listado, en la cual ya no se necesitará como antes
realizar una práctica previa para que el programa incorporar el tono de voz a
la base de datos sino que seguramente llegarán a ser de una forma tan directa
que sencillamente desde el primer dictado reconocerán la palabra que se
quieren revelar, seguramente tendrán la capacidad para hacer algún tipo de
sugerencia en cuanto por ejemplo al contenido que se está redactando, cómo
redactarlo y qué elementos de actualidad se podrán incorporar.

Esto no significa para nada que la inteligencia artificial está superando las
capacidades del ser humano, sino que sencillamente todos estos procesos van
a llegar para que las personas tengan mayor amplitud a la hora de realizar sus
redacciones o documentos, seguramente seguirá siendo una herramienta
adicional que las personas podrán utilizar en este sentido para tener ideas
adicionales o enfoques actualizados incorporados en los procesos de edición
de texto que estén en algún momento ejecutando.

Seguramente en el futuro observaremos programas de edición de
presentaciones en el cual sencillamente se introducirá el tema que se desea
desarrollar, y la inteligencia artificial le permitirá al usuario escoger una serie
de imágenes o videos que lleguen a sustentar cada una de las ideas que se está
intentando plasmar en cada una de las diapositivas.

Definitivamente el uso de la llamada realidad virtual se verá potenciada con
la Inteligencia artificial, los lentes enfocados al desarrollo de actividad en esos
mundos virtuales seguramente van a estar conectados con esas redes
neuronales y le permitirán al usuario seleccionar diversos mundos y establecer
qué estilo de diseño o imágenes ellos consideran que puede ser pertinente para
su juego o proceso que estén realizando con el uso de sus lentes inteligentes
que seguramente estarán conectados a la internet, a redes neuronales que
trabajarán en concordancia con procesadores NPU, para reconocer todas las
imágenes que se presentan mejorarlas y seguramente crear niveles más
avanzados de acuerdo a las expectativas de cada usuario.

Así que seguramente si en estos momentos existe una sensación de sorpresa o asombro, en los próximos 20 años se verá la posibilidad de que cada usuario con el uso de las redes neuronales pueda crear inclusive grupos de conversación en los cuales puedan establecer temas en específicos, y ellos puedan dar instrucciones de las imágenes o videos que en tiempo real desean plasmar para compartir con las otras personas lo cual definitivamente será de gran importancia a la hora de establecer debates en tiempo real en las emisoras de televisión o en los directos de las diferentes redes sociales del planeta tierra, esto asegurará que el interés de las personas por involucrarse en las tecnologías y adquirir esas nuevas computadoras sea algo verdaderamente fascinante a nivel global.

Es necesario entender que en la actualidad la Inteligencia artificial tiene la posibilidad de realizar predicciones matemáticas en torno a posibles situaciones que puedan ocurrir en años posteriores. Por ejemplo, si se desea saber la posibilidad la construcción de una base espacial en el planeta Marte, obviamente los sistemas neuronales a través de los programas de Inteligencia artificial van a generar como resultado imágenes videos y textos tomando en consideración las últimas tecnologías que se poseen en la actualidad en función del viaje espacial.

Como por ejemplo la posibilidad de potencializar una bobina de tesla para generar proceso de desplazamiento espacial, tomando en consideración por ejemplo los avances actuales en los colisionadores de partículas, que ya nos permiten tener una idea de que aproximadamente para el año 2050 la realización del viaje espacial rumbo a Marte será algo que habrá consolidado poderosamente la humanidad.

Para el año 2050 la generación de resultados y búsqueda sustentados en inteligencia artificial serán de gran utilidad en el establecimiento de bases espaciales, ya que les permitirá a los científicos reconocer en tiempo real las características de un terreno en específico y cómo fue aplicado un material de manera anterior y qué resultados se pueden obtener en una situación determinada atmosférica.

Así que sencillamente aquellos procedimientos de tomar una muestra y llevarlo a un laboratorio para analizar los componentes químicos o biológicos de un determinado material se Irán superando en la medida de que en las investigaciones se incorpore el reconocimiento de imágenes sustentado en la inteligencia artificial, que definitivamente con las librerías actuales que se cuenta se logrará realizar análisis de manera rápida para determinar los componentes químicos biológicos o minerales de algún material que puedan encontrar en otro planeta.

A partir de ese análisis también los científicos podrán simular el escenario en tiempo y espacio de la aplicación de un material en específico en unas condiciones determinadas en otro planeta, esto contribuirá significativamente a mejorar ese proceso científico que tradicionalmente en la tierra se conoce como el ensayo y error que si bien es cierto a través de un proceso de mejoramiento continuo se puede llegar a grandes resultados, es necesario también decir que en escenarios inciertos a veces no se puede invertir tanto tiempo sino que se requieren resultados óptimos y más rápido para poder dar respuestas a las necesidades que de manera inmediata se deben de resolver.

Fuente: Correa O, 2024. Visualización de datos.

Al realizar una visualización de datos, hoy en día gracias a la inteligencia artificial las personas que intervienen en oficios del hogar pueden comenzar dentro de su ámbito de acción a generar ciencia y a obtener resultados científicos. Así que por ejemplo una actividad tradicional como la siembra de un árbol o el desmalezamiento de un patio se puede llegar a convertir en una experiencia científica asombrosa que deslumbre al mundo entero.

Es necesario destacar que por ejemplo un jardinero al empoderarse con un teléfono de Inteligencia artificial y un programa de reconocimiento de imágenes puede comenzar a establecer una base de datos sustentada en todas esas imágenes que recolecte de las plantas que se encuentran en su jardín. Una vez que las haya recolectado la inteligencia artificial podrá decirle el nombre científico de cada una de esas plantas y su aplicación.

Así que también se puede decir que con la llegada de la Inteligencia artificial todos los oficios se van a ver redimensionado al punto de convertirse en una actividad de gran importancia científica que puede ser transmitida a nivel global a través de las redes sociales, pero también en algunos casos puede llegar a realizarse de manera formal a través de lo que es la generación de un artículo científico que al ser publicado revele por ejemplo los minerales o plantas encontradas en un jardín y los posibles usos de dichos recursos.

Al llegar a ese punto cada oficio se va a convertir en algo sumamente apasionante, una persona que tenga un jardín podrá tener una base de datos de imágenes que podrá subir a un servidor en la nube, podrá procesar dichas imágenes para determinar las características químicas naturales o biológicas y así poder entender por ejemplo la aplicación de dichos componentes en los productos de la actualidad.

Por ejemplo, una persona podrá encontrar una planta de aloe vera en su jardín, al tomarle la foto con un programa de reconocimiento de Inteligencia artificial determinará los usos benéficos de esa planta en materia de higiene personal, por ejemplo. En ese punto todo aquello que aparentaba ser un adorno o un complemento en el jardín podrá representar la oportunidad para establecer una investigación que tenga características científicas para reconocer todo aquello que se tiene y cuáles podrían ser sus usos.

En las universidades tradicionalmente se observa la unidad curricular vinculada con el servicio comunitario, en la cual muchas veces se intenta generar una actividad que sea benéfica para la comunidad como por ejemplo sembrar plantas o sencillamente dictar una charla vinculada con la ética y valores en la convivencia comunitaria.

Ahora seguramente con la llegada de la inteligencia artificial esta unidad curricular tan maravillosa de la universidad se va a ver potenciada, porque con el uso de la tecnología inteligente los estudiantes van a poder reconocer los elementos existentes en un espacio determinado, cuáles son sus propiedades y posibles usos que los conlleven a mejorar a su comunidad.

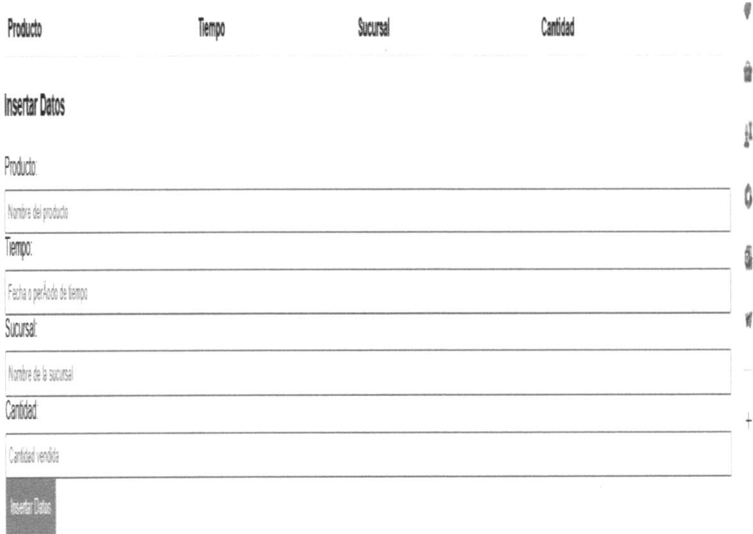

Fuente: Correa O, 2024. Base de datos en 3 dimensiones.

En el ámbito de la medicina seguramente comenzarán a aparecer nuevos sistemas que, al tomar una foto enfocada en un órgano particular del cuerpo humano, puedan dar una orientación en cuanto a su situación así que las posibles soluciones también llegarán para que los profesionales de la medicina puedan contar con herramientas sofisticadas que le permitan realizar los diagnósticos apropiados y por lo tanto generar las soluciones que se requiera para cada paciente.

Definitivamente el reconocimiento de imágenes el reconocimiento de objetos la identificación facial está en sus inicios, pero seguramente estos avances que se están gestando en la actualidad serán las bases fundamentales de nuevos programas que podrán aplicarse en diferentes ámbitos de la ciencia.

Seguramente para situaciones vinculadas con reparaciones de electrodomésticos en el caso de la licuadora podrán en un futuro seguramente, tomarse una foto al rotor y poder determinar el estado actual y seguramente la Inteligencia artificial generará una recomendación al técnico que intente mejorar el artefacto electrodoméstico, como por ejemplo para que pueda ser usado con más potencia.

Esto va a traer como consecuencia que las personas y empresas que desarrollan producto van a tener que hacer sus cualidades sustentadas en la calidad, Porque aquellos productos que sean de máximo rendimiento y eficiencia seguramente van a ser recomendados por los sistemas de inteligencia artificial y por lo tanto van a ser los más vendidos a nivel global.

De esa forma entonces se podrá ver que aquellas personas o negocios que se han hiper especializado en un tema, podrá a través de la calidad y el uso probado de su producto tener alcance a nivel global para así garantizar la venta de sus productos cada día nuevos mercados.

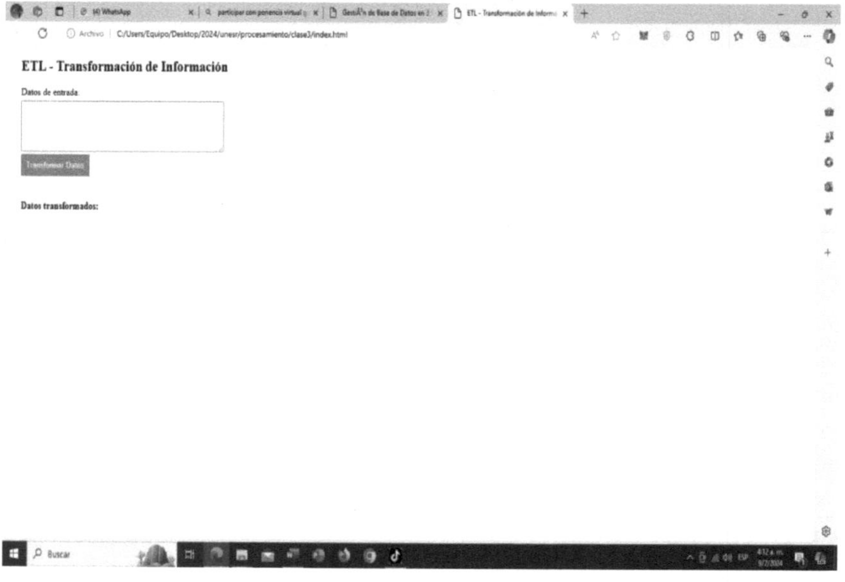

Fuente: Correa O, 2024. Transformación de información.

En áreas Como por ejemplo la decoración de los ambientes seguramente al contar con un teléfono inteligente y un programa de reconocimiento de fotos, la persona encargada de mejorar un ambiente o hacerlo más cómodo al tomarle una foto podrá analizarlo bajo la perspectiva de la Inteligencia artificial, seguramente podrá obtener resultado por ejemplo sustentados en el mapa del Bagua de visiones ancestrales como el feng shui que hoy en día se han venido incorporando a los nuevos ambientes, y que tienen como visión la armonización de un determinado lugar a través de los cinco elementos de la naturaleza establecidos en la filosofía y visión de vida del feng shui.

Seguramente esos sistemas reconocerán las nueve áreas del mapa del Bagua, podrán dar una recomendación de algún elemento que permita armonizar por ejemplo el área del amor en un determinado cuarto de la casa, o sencillamente si se requiere mejorar la economía seguramente la inteligencia artificial recomendará en la zona 1 del mapa del dormitorio la sala incorporar por ejemplo el elemento agua para hacer más fluida la economía en un determinado hogar según esa filosofía ancestral China.

Por todas estas razones es evidente que la mayoría de las profesiones se va a ver potencializada con la incorporación de este tipo de sistemas de tecnología, obviamente en la medida de que los procesadores NPU se vayan mejorando los procesos y resultados van a ser mayores para sustanciar de mejor manera cada una de las actividades que se desean expresar, por lo tanto, en el mejor de los casos se podrá ver qué oficios tradicionales podrán comenzar a enfocarse en un mejoramiento continuo.

Teniendo no solamente clara la importancia de la inspección, obteniendo resultado de usos probables en diferentes países del mundo para así tener una visión gráfica o numérica de la aplicación de un procedimiento, realizar análisis histórico en torno a una determinada situación para así decir que toda persona que desarrolle un oficio implementando la inteligencia artificial con los procesadores NPU y el reconocimiento de imágenes en un primer momento podrá ser un líder dentro de su comunidad que va a llevar su proceso o actividad productiva definitivamente a otro nivel superior.

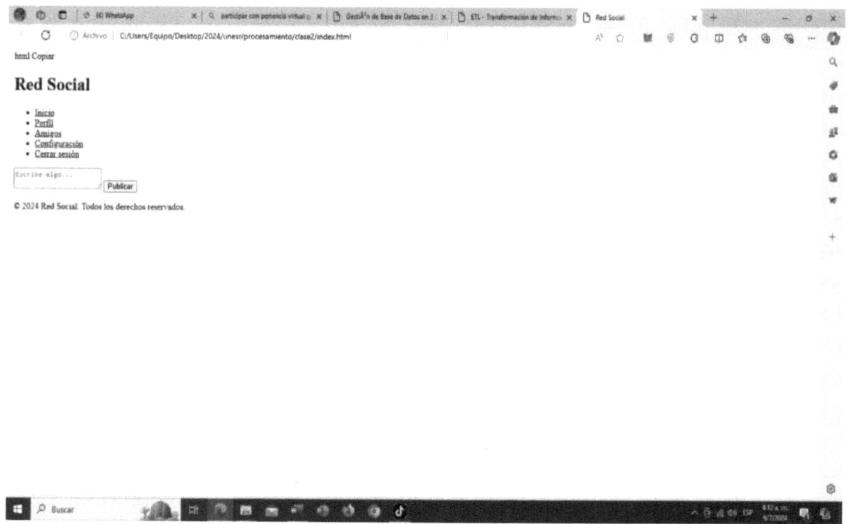

Fuente: Correa O, 2024. Red Social.

Definitivamente una de las características de la implementación de la inteligencia artificial actualmente en las redes sociales, con el desarrollo de reconocimiento facial es la concientización cronológica del individuo. Las personas por ejemplo hoy en día al enfocar una cámara su rostro puede retroceder 10 o 15 años atrás en el tiempo hacia su adolescencia o hacia su infancia.

Para poder así recordar tiempos pasados, pero también para tener la posibilidad en el caso de no contar con las fotos de esas épocas, poder recrear artificialmente ese pasado individual tan importante que puede proyectar en muchos casos a través de las redes sociales para compartirlo con sus amigos o familiares.

Pero también es relevante señalar en el caso de las redes sociales que ya en el marco de reconocimiento facial existe la posibilidad de utilizar una cámara web que le permita al individuo proyectar su imagen hacia un futuro cómo se logrará ver en años posteriores, obviamente que la Inteligencia artificial a través del reconocimiento facial comienza a agregar elementos biológicos y fisiológicos a la persona para que parezca de una determinada edad en un futuro cercano o lejano.

Inclusive se puede evidenciar en muchas redes sociales la posibilidad de que una persona a través de un programa de inteligencia artificial, al utilizar el reconocimiento facial logre determinar características particulares emocionales que se encuentra atravesando en un determinado momento como por ejemplo la alegría o el entusiasmo.

Así que al mencionar todos estos aspectos se comienza a observar que la inteligencia artificial al ser usada adecuadamente, comienza a generar procesos de auto concientización en el individuo que le permiten generar ese reconocimiento, esa proyección a un futuro qué es lo que soy y que deseo llegar a ser.

Fuente: Correa O, 2024. Transacciones financieras.

Definitivamente en la medida que en los próximos computadores y teléfonos inteligentes integran los procesadores NPU, se podrá observar el análisis en tiempo real de los diferentes mercados del mundo, así poder sacar un análisis exhaustivo en base a su comportamiento en los cinco últimos años y que se puede esperar de dicho rendimiento para los próximos 5 años.

En este punto definitivamente los sistemas de inteligencia artificial incluyendo los procesadores neuronales más avanzados, se van a encontrar una prueba de fuego porque aunque puedan hacer el análisis exhaustivo de las variaciones en las diferentes acciones o valor de las empresas en años anteriores, será bastante difícil que puedan predecir el comportamiento futuro porque allí sí que intervienen por ejemplo variables nuevas como el comportamiento humano, cambio climático y liderazgo personal de cada individuo lo cual a su vez está sembrado en la genética, factores personales sociales y culturales.

Así que el liderazgo de las personas va a seguir siendo por lo menos en los próximos 20 años un factor fundamental en la dirección de empresas e instituciones, qué podrá ser potenciado con el uso de esas herramientas neuronales para sustentar la toma de decisiones en algún momento determinado.

Fuente: Correa O, 2024. Desarrollo de APK.

Con la implementación de la inteligencia artificial en los próximos años se verá seguramente incrementado el desarrollo de aplicaciones, las cuales irán incorporando ciertas funciones fundamentales enfocadas en ciertos productos nuevos. Como por ejemplo los carros inteligentes, los cuales seguramente contarán con mejores procesadores para identificar las rutas, las distancias establecidas y así a través de un mejor reconocimiento de voz poder entender de mejor manera las instrucciones que las personas deseen dictarles.

En el caso de los automóviles seguramente llegarán aplicaciones que le permitan hacer un análisis exhaustivo de las situaciones climáticas en un área determinada geográfica, para así poder conducir de manera autónoma hacia una vía que corresponda con una mejor condición de clima para garantizar la seguridad de todas las personas que se encuentren trasladando en ese tipo de carros automatizados.

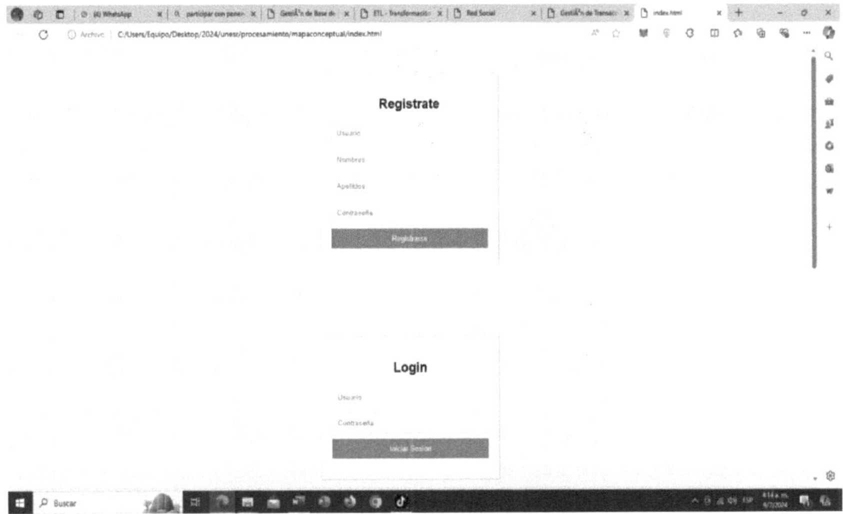

Fuente: Correa O, 2024. Registro y acceso.

En las aplicaciones tradicionales se maneja la relación uno a uno en cuanto a lo que se desea y lo que se obtiene, la llegada de los procesadores GPU se logró incrementar la posibilidad de procesamiento para desarrollar programas sustentados en la inteligencia artificial que representaran nuevas herramientas para las personas en sus oficios y su día a día.

Con la incorporación de los procesadores NPU, se incrementa las posibilidades porque una instrucción puede generar 100 posibles respuestas y esas acciones a su vez pueden ser interpretadas 100 veces más, lo cual nos permite en un corto tiempo analizar más de 1000 posibilidades en torno a un tema en específico.

En ese sentido se puede discernir que la inteligencia artificial tiene la capacidad de aprender en base a los procesos que se están dando, pero también le va a permitir a los seres humanos tener una mayor comprensión de los procesos que está estudiando e incrementar las posibilidades de soluciones sugeridas en un tema específico.

Seguramente en los temas vinculados con los accesos a los servidores internacionales sustentados en la nube las opciones de seguridad se incrementarán, solamente se tomarán en consideración el tipo de dispositivo desde donde se está intentando acceder, la dirección IP o región, sistema operativo, sino que también se evaluará el tono de voz y la velocidad de redacción y expresión de cada persona.

Ese tipo de patrones de reconocimiento en la actualidad es visible en los buscadores cuando una persona está transcribiendo una información, y los robots del buscador detectan que hay un incremento en la velocidad de transmisión pues inmediatamente generan como resultado la necesidad de que el usuario tiene que dar una respuesta o presionar un botón para demostrar que es realmente un ser humano.

Porque muchas veces se utilizan las máquinas para realizar procesos automatizados, en algunos casos así que evaluar la velocidad de transcripción hoy en día con el uso de la internet es algo que está demostrado en tiempo real y que puede ser un indicador importante para los sistemas de seguridad de los buscadores en función de garantizar el uso adecuado de los sistemas a nivel global.

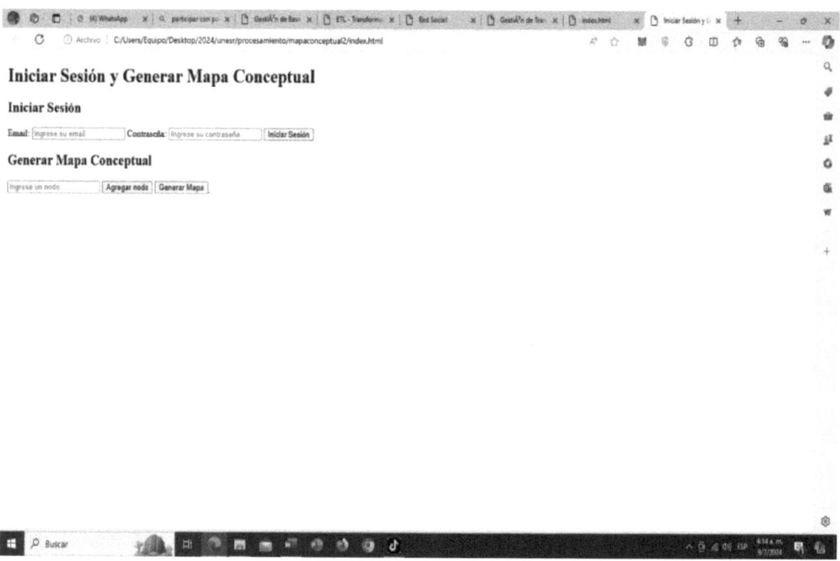

Fuente: Correa O, 2024. Iniciar sesión.

La mayoría de los sistemas de Inteligencia artificial en la actualidad están atravesando un proceso de mejora continua, en algunos casos cada empresa establece sus políticas y procedimientos que es lo aceptable, qué es lo que no se debe aceptar.

En el tránsito de ese proceso muchas veces los usuarios introducen sintaxis que pueden chocar con las políticas internas de la empresa, generando así un error más sin embargo también tienen incorporado la forma de comunicarse con el personal para así poder aclarar cualquier duda o error que se esté generando en la aplicación de un sistema de tipo inteligente.

En la generación de procesos vinculados con el procesamiento de datos, a nivel educativo se establece siempre un mapa conceptual que tenga relación con un tema determinado. Esta actividad hoy en día con el uso de los sistemas de inteligencia artificial ha llegado a repotenciarse ya que se le pueden dictar instrucciones que generen una imagen que tenga relación con el contenido educativo que se desea transmitir en algún momento.

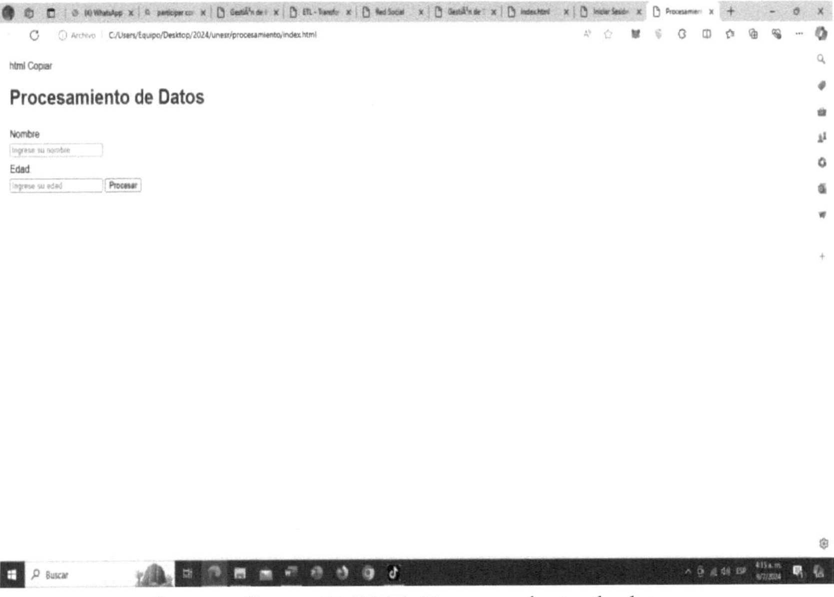

Fuente: Correa O, 2024. Procesamiento de datos.

En el caso de hacer referencia a los NPU obviamente daría imágenes vinculadas con proceso neuronales de aprendizaje inteligente, en ese sentido el estudiante que está realizando la actividad puede ver de forma gráfica lo que está intentando desarrollar desde la visión conceptual para tener una mayor comprensión de la situación.

Desde la visión gráfica entonces intentar construir una nueva concepción o una nueva visión tomando en consideración lo que el estudiante conoce como cierto para poder plasmarlo directamente en su mapa conceptual. En estos momentos es necesario tener en cuenta que existen nombres de empresas que se parecen a la actividad que un estudiante puede estar buscando.

Esto se observa sobre todo en el ámbito de la generación de electricidad que han creado casos en los cuales las empresas han tomado el nombre de los autores de las invenciones y muchas veces los resultados que generan los gráficos vienen a ser el logotipo de una empresa obviamente en ese momento se hace necesario realizarle una aclaratoria al sistema de generación de imágenes de Inteligencia artificial para que se enfoque en los componentes teóricos de lo que se desea obtener.

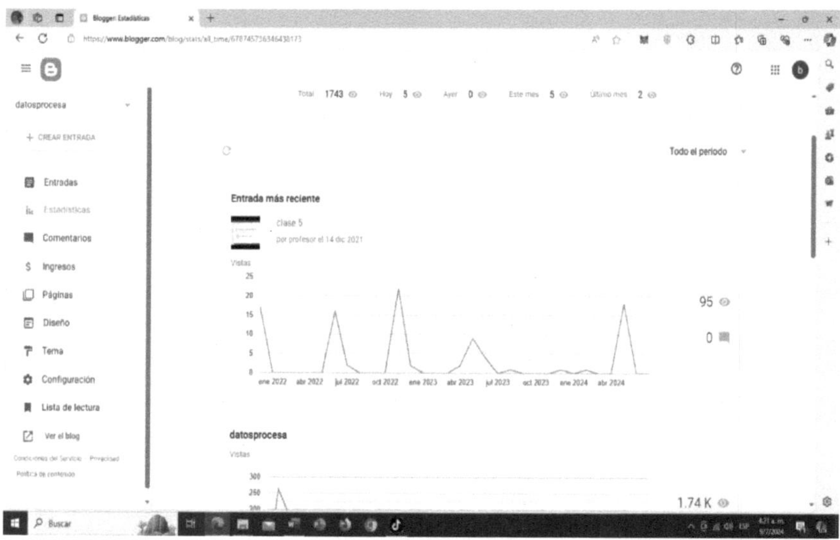

Fuente: https://datosprocesa.blogspot.com/ Entradas.

En cuanto al procesamiento de datos cada día los procesos de enseñanza aprendizaje se sustentan en los sistemas de multimedia, y en ese sentido los procesadores le permitirán a los participantes de alguna unidad curricular en específica obtener un resumen texto de lo que dice un video bien sea en el idioma que se está expresando o en otro idioma en específico, de esa forma cada persona a través del uso de la inteligencia artificial podrá obtener una especie de dictado de cada palabra que algún autor específicamente esté relatando y que muchas veces se requiere leer para reafirmar con fortaleza la comprensión del contenido que se haya relatado.

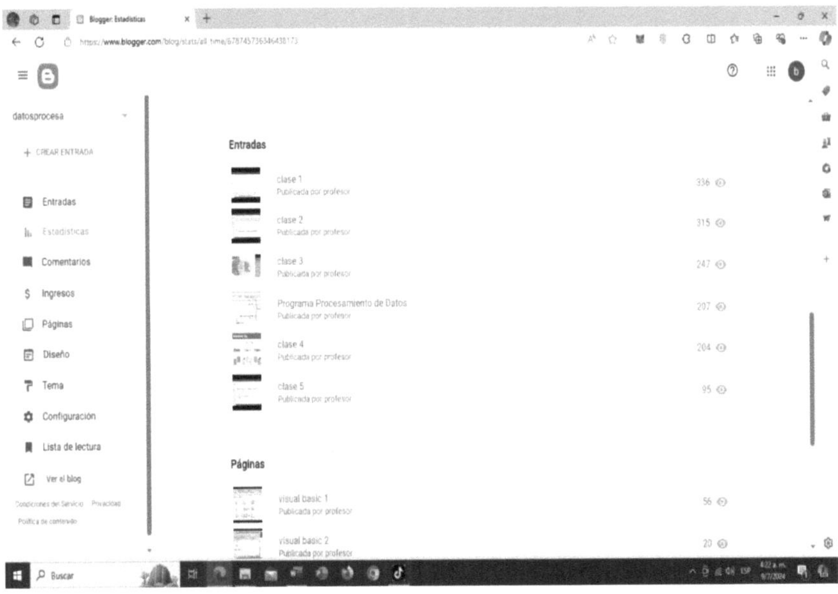

Fuente: https://datosprocesa.blogspot.com/ Clases.

En cuanto al procesamiento de datos es importante entender que la inteligencia artificial va a ir ganando cada día más escenarios , seguramente tendrá la posibilidad de mostrarle a muchas personas no solamente sus ventajas sino cómo funciona internamente cómo se organiza dicho algoritmo a través de matrices y gráficos tridimensionales, para que las personas tomen conciencia de las posibilidades matriciales que tiene para construir un amor nuevo un elemento novedoso a partir de la exponenciación en un segundo de 100 elementos a la 4, para sí con esa habilidad por ejemplo poder tener una previsión del tiempo tomar para dentro de 5 años tomando un crecimiento de El 10% en la industria manufacturera, elementos que en un principio pueden parecer hipotéticos pero que en la real permiten tener argumentos sólido para por ejemplo recomendar la siembra de 1000 árboles en cada nuevo proceso productivo o comunidad que se establezca, asumiendo la importancia que esto tiene para el desarrollo natural de los seres humanos en la tierra.

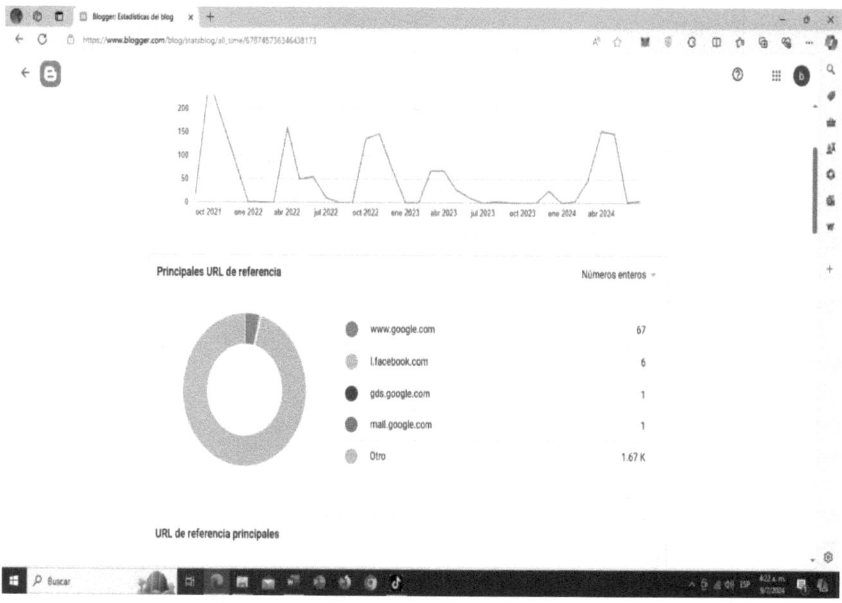

Fuente: https://datosprocesa.blogspot.com/ URL de referencia.

Definitivamente cuando se imparte un curso de procesamiento de datos, es necesario entender la importancia que tiene la incorporación a los procesos educativos, el uso de procesadores NPU. Por ejemplo, se pueden crear casos prácticos en los cuales se incorporen cuatro nuevos emprendimientos a una comunidad, y poder determinar así una proyección de indicadores en el lapso de tiempo de los próximos tres meses cómo podría ser la evolución cognoscitiva de cada uno de los participantes los emprendimientos en su interacción con el cliente.

Cuáles podrían ser las próximas estrategias de incorporación de tecnología y aplicaciones que permitan dar garantía de calidad de los servicios que se están prestando. Todas estas actividades propuestas como ejercicios prácticos van a contribuir a la afirmación del liderazgo gerencial y enfoque de emprendimiento que debe tener todo estudiante universitario, que definitivamente la historia reciente del siglo XXI demostró que son ellos quienes tienen la capacidad de empoderarse con la tecnología y llevarla a escala mundial para transformar los procesos a nivel global que involucran a la humanidad.

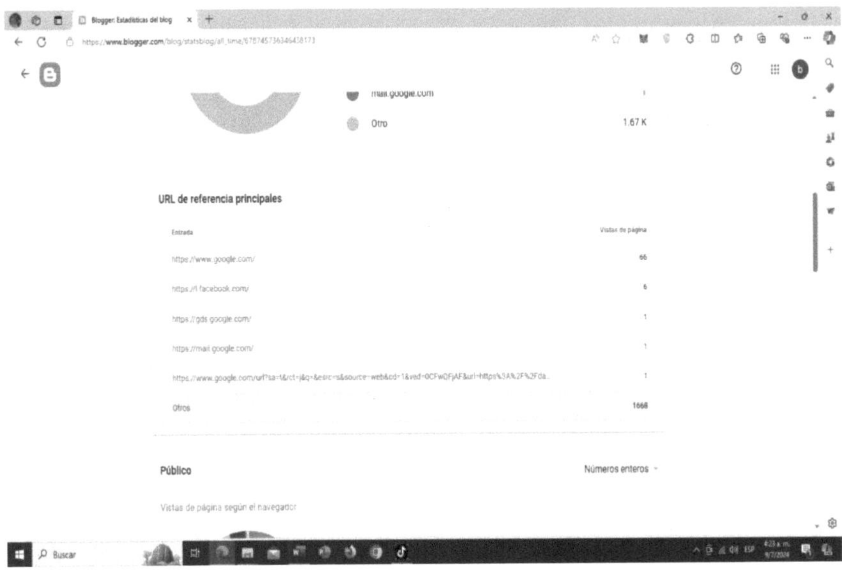

Fuente: https://datosprocesa.blogspot.com/ URL de referencias principales.

Obviamente es necesario que todo facilitador de la unidad curricular vinculada con el procesamiento de datos, tenga fundamentos básicos en cuanto a los procesadores CPU, GPU y NPU, para así poder entender que puede generar nuevos escenarios tomando en consideración aspectos del pasado y su influencia en el futuro, pero sobre todas las cosas concientizando que la actividad Universitaria es fundamental para el desarrollo de la sociedad.

Entender que la persona que posee hoy en día en sus manos un teléfono inteligente tiene la capacidad para descubrir científicamente la realidad que lo rodea, pero también para transformarla positivamente tomando en consideración las recomendaciones útiles de la Inteligencia artificial, pero paralelamente sembrando conciencia en torno a la preservación de ese ambiente natural que hoy en día da sustento a la vida en la tierra.

Si bien es cierto en el transcurso de estas frases transcritas se ha demostrado que el ser humano ha sido la base para el desarrollo de los nuevos procesos tecnológicos neuronales, entonces es sumamente necesario entender que la preservación de los ambientes naturales actuales le va a permitir a la humanidad seguir generando ciencia para desarrollar procesos tecnológicos mucho más avanzado que los que actualmente se poseen.

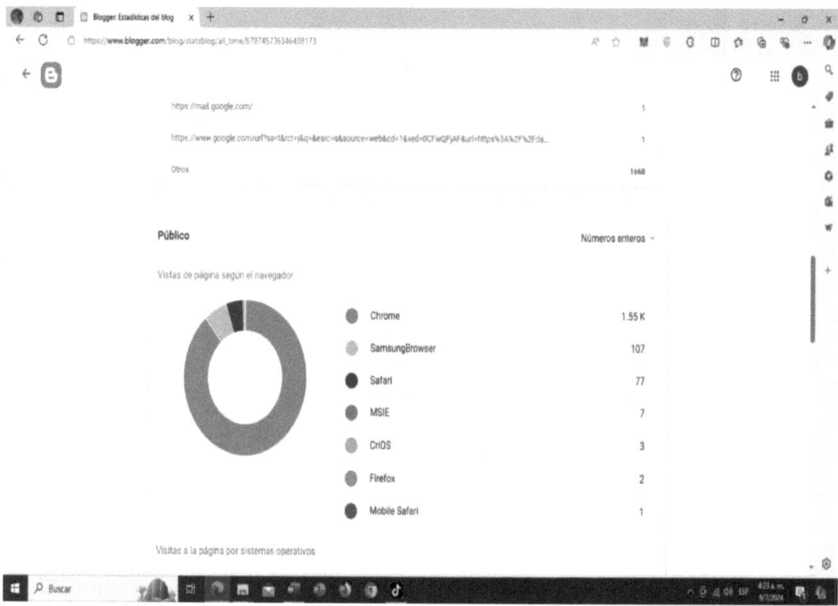

Fuente: https://datosprocesa.blogspot.com/ Navegadores.

En una unidad de procesamiento de datos donde simplemente el uso de la inteligencia artificial, tentada en los procesadores NPU, definitivamente establecer actividades vinculadas con el árbol los procesos naturales, y la sustentabilidad en cada proceso productivo definitivamente puede ser algo que se vea representado bien sea un mapa mental o en un gráfico que cada estudiante pueda plasmar para entender que ir de la mano con la naturaleza, puede servir de inspiración para establecer nuevos modelos tecnológicos que contribuyan a tener un impacto global y por lo tanto hacer mucho más productivos.

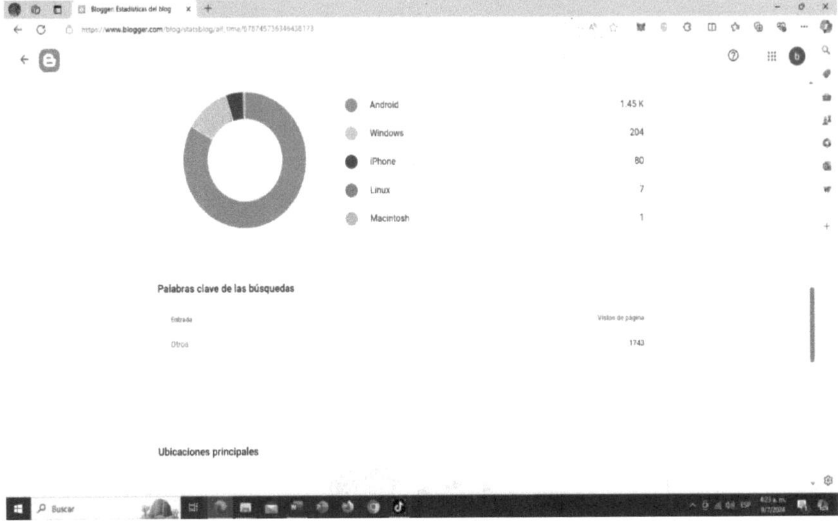

Fuente: https://datosprocesa.blogspot.com/ Sistemas operativos.

Con el uso de la inteligencia artificial en el marco del procesamiento de datos se podrán establecer ejercicios prácticos tomando en consideración los emprendimientos de cada estudiante, entonces si un estudiante ha decidido crear transistores para que sean incorporados a una tarjeta GPU, Pues también deberá atrasarse como meta como con ese dispositivo tecnológico puede fortalecer los ecosistemas locales donde está generando su emprendimiento, para así también tomar plena conciencia de los procesos naturales que se desarrollan en la naturaleza desde lo más sencillo como la germinación de una semilla hasta los más complejos como la evaporación, condensación y precipitación que se dan en la naturaleza.

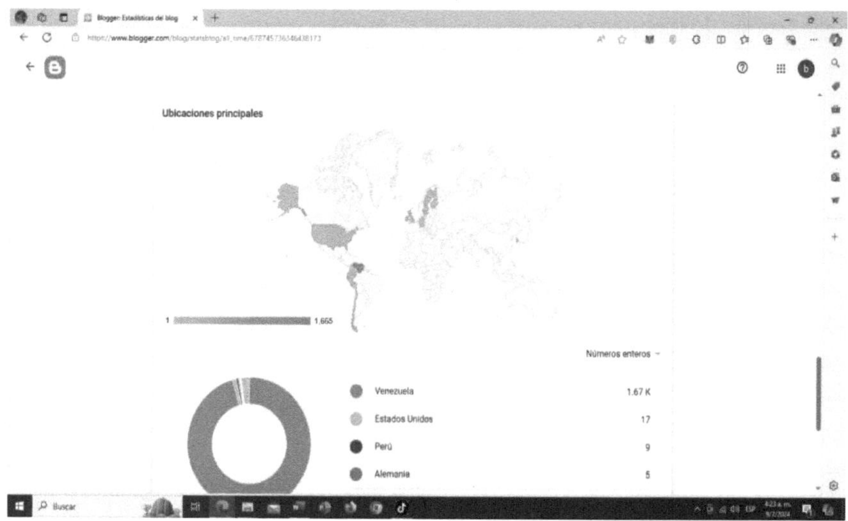

Fuente: https://datosprocesa.blogspot.com/ Países.

Con el uso de la Inteligencia artificial se podrán establecer planes de siembra para una cantidad determinada de árboles, que permitan generar la estabilidad climática en una zona determinada. Este tipo de actividades podrá contribuir también en un principio como ejemplo en las áreas de las matemáticas, para que los estudiantes puedan tener plena comprensión del espacio y el tiempo, generando así actividades que sean sostenibles durante el paso de los años y que generen rentabilidad que es al fin al cabo el indicador que se establece a nivel global como base fundamental de toda empresa.

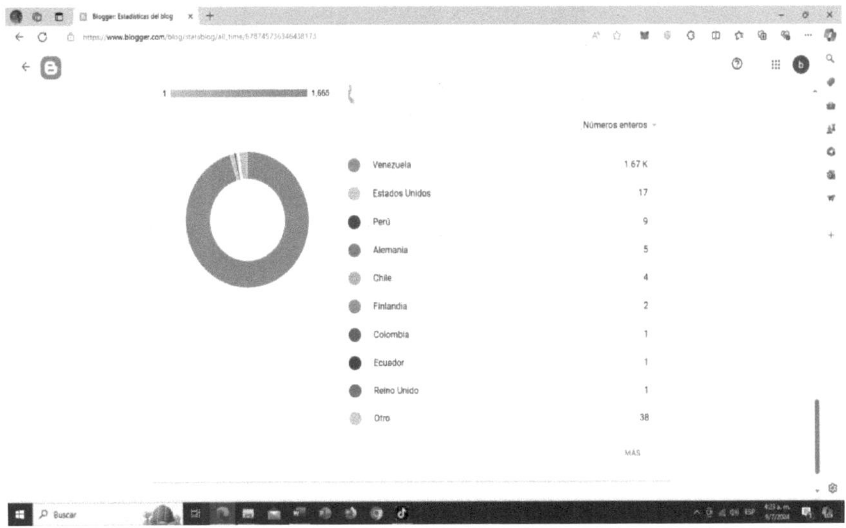

Fuente: https://datosprocesa.blogspot.com/ Países.

Definitivamente una de las grandes enseñanzas que vienen a traer todos estos avances sustentados en los procesadores neuronales, es que verdaderamente vale la pena dedicarles tiempo a las matemáticas que se encuentran presentes en la naturaleza, y cómo todo eso viene a generar un equilibrio para el mantenimiento de la vida en la tierra.

Todos estos cambios siembran esperanza para la reafirmación de todos los profesionales en sus diversas carreras, el caso de los docentes se abre la puerta para establecer nuevos modelos de enseñanza que tomen en consideración los cambios tecnológicos, que conlleven al participante a concientizar sobre su realidad y la oportunidad que tiene al disponer de la tecnología inteligente para transformarla de una manera sostenible lo cual viene a ser la verdadera riqueza para toda la humanidad en línea generales.

Referencias Bibliográficas.

Agenda 2030 y los Objetivos de Desarrollo Sostenible. Una oportunidad para América Latina y el Caribe. Publicación de las Naciones Unidas. Naciones Unidas, febrero de 2017. Todos los derechos reservados. Impreso en Santiago.LC/G.2681/Rev.1. S.17-00110

Arias, F. (2012) *El Proyecto de Investigación Introducción a la metodología científica.* Editorial Episteme 2012 6 edición. Disponible en formato electrónico (PDF) en el sitio Web: https://ebevidencia.com/wp-content/uploads/2014/12/EL-PROYECTO-DE-INVESTIGACI%C3%93N-6ta-Ed.-FIDIAS-G.-ARIAS.pdf   [Consulta 2019, noviembre 14]

Cumbre Mundial sobre la sociedad de la información. Ginebra 2003 Túnez 2005. Documento WSIS-03/GENEVA/4-S 12 de mayo de 2004

Escobar, J. (2020) *Tecnologías duras y blandas, y sus consecuencias de sus usos para el medio ambiente.* Disponible en: https://webcache.googleusercontent.com/search?q=cache:NGHtsQ EbWkgJ:https://liceopolitecnicoc52.jimdofree.com/app/download/61 81688666/TECNOLOGIAS%2BDURAS%2BY%2BTECNOLOGIAS %2BBLANDAS_ABCE.pdf%3Ft%3D1596483126%26mobile%3D1+ &cd=1&hl=es-419&ct=clnk&gl=ve

Silva, Francisco (2010) Software libre y educación un estudio de casos en la enseñanza obligatoria en Cataluña. Universitat de Barcelona, Facultad de Pedagogía. Disponible en el formato electrónico (PDF) en el sitio Web: diposit.ub.edu/dspace/bitstream/2445/43114/2/Tesis_FACS.pdf

Zálvez (2017) Análisis de recursos TIC OpenSource para soporte a alumnos con NN.EE. en el entorno de metodologías PBL. PROGRAMA DE DOCTORADO INNOVACIÓN E INVESTIGACIÓN EN DIDÁCTICA FACULTAD DE EDUCACIÓN TESIS DOCTORAL UNED. Disponible en formato electrónico (PDF) http://e-spacio.uned.es/fez/eserv/tesisuned:ED-Pg-InoInvDid-Jpzalvez/ZALVEZ_RICO_JuanPedro_Tesis.pdf [Consulta 2023, abril 20]

Zanotti Agustin (2013) El software libre y el campo de producción cordobés: DOCTORADO EN ESTUDIOS SOCIALES DE AMÉRICA LATINA. UNIVERSIDAD NACIONAL DE CÓRDOBA CENTRO DE ESTUDIOS AVANZADOS. Disponible en formato electrónico (PDF) https://rdu.unc.edu.ar/bitstream/handle/11086/1408/El%20software%

20libre%20y%20el%20campo%20de%20producci%c3%b3n%20cord
ob%c3%a9s%20....pdf [Consulta 2023, abril 20]

Printed by Books on Demand GmbH, Norderstedt / Germany